# Homo Ludens

Alexandre Cadain

# Homo Ludens

## Pourquoi le monde est un jeu et comment déjouer sa fin

Éditions de L'Observatoire

ISBN : 979-10-329-3101-1
Dépôt légal : 2024, mars

170 *bis*, boulevard du Montparnasse, 75014 Paris

À mes parents, qui m'ont appris
à jouer autrement

« [L]'homme donc ne joue que lorsqu'il est pleinement homme et il n'est tout à fait homme que lorsqu'il joue. »

Friedrich SCHILLER,
*Lettres sur l'éducation esthétique de l'homme*, 1795

*C'est un jeu qui contient tous les autres.*

*On y joue à plusieurs et chacun y entre plus ou moins consciemment, dès qu'il sort du besoin, de la faim. Le but et les règles du jeu sont imaginés par quelques-uns, quelque part, et sont partagés partout, par tous les joueurs. Souvent, il s'agit de gagner ce que les autres perdent. Parfois, tous les joueurs gagnent. Un jour, ils pourraient tous perdre. C'est un jeu que les siècles et les hommes se transmettent et transforment, un jeu de société que l'on a oublié.*

*Voici son manuel.*

*Introduction*

# Le jeu de la vie

Avant de parler, avant de marcher, l'enfant entre dans le monde par le jeu. Libre de son mouvement, il joue avec son corps en balançant ses jambes dans le vide, et réveille ses sens en caressant un tissu ou en frappant la table en rythme. Notre apprenti gymnaste, couturier et musicien est seulement motivé par le plaisir de ces actions incertaines.

Bientôt, il joue avec ses idées. Il pose l'irréel au milieu du salon et fait semblant, imite sa mère au téléphone, change le canapé en dragon. Dehors, à cloche-pied sur les passages cloutés, il échappe aux crocodiles que les adultes ne voient plus. Regardez-le construire mentalement ce monde qu'il contrôle autour de lui, avec son histoire, son décor, son personnage. Le jeu ouvre un espace possible et réalise ses fictions ; il entraîne l'enfant et son imagination. L'enfant se figure d'autres réalités et les pratique ; il ne se rêve pas médecin, il le joue, le simule, le teste ; il est vraiment médecin, l'espace d'un instant. En jouant, l'enfant modèle son monde et lui-même à sa guise, à sa taille, de la terre au ciel en cinq pas, comme à la marelle.

Surtout : l'enfant joue avec les autres. En partageant les règles avec d'autres enfants, il transforme tour à tour la balle en feu ou en or selon qu'ils jouent aux prisonniers ou au foot, la haie en perchoir ou en obstacle selon que les autres deviennent chats ou moutons. L'espace et le temps du jeu sont ainsi délimités au sein de la cour de récréation, au son de l'horloge qui se fait mieux entendre au début qu'à la fin... On entend d'ailleurs un enfant s'agacer : « C'est pas du jeu ! », sans doute frustré que l'autre équipe n'ait pas respecté les règles, soit peut-être « hors jeu » ou que la sonnerie ait interrompu son action gagnante... Trop tard donc, ils quittent la cour de récréation pour le cours de mathématiques. Les règles y seront différentes mais le même objectif se poursuit : trouver en premier la solution gagnante. Bientôt, après quelques répétitions, l'adolescent joue son va-tout et fait la cour à sa voisine ; les fleurs étaient de trop, elle trouve qu'il surjoue, mais finalement, elle se laisse prendre au jeu...

Plus tard, plus de cours de récréation, mais des pauses plus courtes entre des cours plus longs. La physique décline les règles terrestres, le droit, les règles sociales et l'économie l'étrange but de profit maximal de son avatar, *Homo œconomicus*. N'ayez pas peur : le droit comme l'économie ne sont rien que d'autres jeux en somme, déguisés en règles absolues pour préparer notre homme au vrai monde, sa « vie active », là où « on ne joue plus ». Comme si le jeu était une parenthèse futile de la vie, comme si l'enfant avait joué seulement pour apprendre à vivre vraiment, à vraiment tenir un téléphone, devenir médecin, diriger une équipe et abandonner l'illusion du dragon ! À l'âge adulte enfin, on serait prêt à arrêter de jouer... Pourtant, s'il passe du déguisement de pirate au costume-cravate, des cours de maths au cours de la bourse, du *Monopoly* au capitalisme, l'homme ne quitte finalement ses jeux d'enfant que pour d'autres, plus grands mais moins visibles. Autour de lui, la cour de récréation a pris les dimensions de la société toute entière. Au beau milieu du jeu continu, il découvre qu'il ne jouait pas pour s'entraîner à vivre, mais pour s'entraîner à jouer.

Enfant comme adulte, seul ou en équipe dans la cour ou en cours, croyez-vous vraiment que les hommes cessent un jour de jouer ? Leurs jeux ont différents objectifs, règles et modes d'interaction, mais ils ont toujours en commun d'être des activités sociales libres au résultat incertain. Des activités motivées par le plaisir et gouvernées par un but et des règles imaginaires qui s'exercent dans un espace limité. Des actions entre les joueurs qui suivent des règles et dessinent ensemble une mécanique de jeu ; mécanique menée par un récit, une métaphore. Une histoire que les joueurs continuent et réalisent en s'y intégrant, en la partageant. *Le jeu est une fiction interactive réglée.*

Le jeu ne s'oppose pas au réel ni au sérieux – quoi que ce dernier recouvre –, mais à la nécessité, à la survie. Ce qui est hors jeu, là où l'on ne peut pas jouer, c'est la vie biologique, la subsistance, le déterminisme de nos besoins primaires, la faim, le repos, la santé jusqu'à la mort. Tout ce qui enveloppe la vie biologique – notre vie sociale et spirituelle, de notre art culinaire à nos cérémonies religieuses ou laïques – suit les principes contingents du jeu : ils changent au gré des régions et des époques. On ne joue pas avec la vie, on vit avec des jeux. Le jeu occupe tous les espaces que notre destin biologique relâche ; il entraîne et révèle la créativité humaine. Médium fertile de la vie, le jeu réalise nos fictions collectives et élargit le monde d'un espace possible, un terrain sans cesse remis en jeu. Si bien que le jeu n'est pas la seule affaire de l'enfant, mais au contraire l'expression libre de son émancipation de la nécessité biologique. Le jeu grandit avec lui.

L'enfant joue et l'adulte continue de jouer. La différence, c'est que le premier le reconnaît, et qu'il n'en a pas honte.

Mais alors adulte sérieux, à quoi joues-tu ?

## Les jeux de Société

Comme l'enfant, l'adulte s'immerge par moments dans des jeux de société entre amis. Des jeux qui le divertissent de sa tâche quotidienne. Comme l'enfant, il contrôle l'environnement de ses jeux. Mais en grandissant, il a surtout rejoint un drôle de jeu : le travail. En partie nécessaire pour « gagner sa vie » et nourrir son corps « à la sueur de [son] visage[1] », en partie contingent pour nourrir sa vie sociale qui pourrait toujours être autrement, le travail est un *jeu hybride*. Poursuivant son œuvre d'adolescent et son jeu de séduction, l'adulte pourra s'engager dans un autre de ces jeux, le mariage ; un choix artificiel qui déguise le besoin naturel de la reproduction. Par-delà la cérémonie et ses symboles, de la bague au costume, de la robe au décor, le mariage scelle une équipe de deux joueurs pour mieux jouer ensemble et faire que le jeu continue après eux.

À la différence de l'enfant, l'adulte découvre ainsi des jeux qui le dépassent, des *jeux de Société* qui perpétuent des buts et des règles qui modèlent le réel. Dans le jeu du mariage, le joueur se fond dans le foyer ; il forme avec l'autre – à qui il a promis fidélité – une équipe qui vise à s'agrandir encore en élevant un enfant qui portera leur nom.

1. La Bible, Genèse 3:19, éd. Louis Segond.

Le jeu n'est pas même limité par la mort d'un joueur qui sépare l'union, l'enfant prenant le relais de la famille. Dans le jeu de l'entreprise aussi, son rôle continue celui d'autres joueurs et participe à agrandir une équipe qu'il n'a pas besoin de connaître entièrement pour jouer pleinement. Ces jeux de Société sont des *hyper-jeux*, des jeux qui excèdent le joueur dans le temps et l'espace, des jeux qui ont commencé ailleurs avant lui, et qui pourront continuer ailleurs encore après lui.

Les jeux de Société, propres à l'âge adulte, ne se jouent pas qu'entre amis à un moment, à un endroit donné ; ils se jouent entre générations, entre régions. Pour maintenir l'ordre du jeu et jouer, plus besoin d'unité de lieu ni de temps : l'homme peut jouer avec des inconnus au bout du monde ou du siècle, il lui suffit de partager avec eux le sens du jeu, son but et ses règles. Ces jeux de Société ne sont plus organisés par notre homme seul, mais ils organisent et rythment sa vie sociale. Parmi les jeux qui ont organisé la marche des générations depuis l'enfance de l'homme, il y a les croyances et la religion. Fédérant des communautés de joueurs distants autour de buts et de règles communs, la religion oriente leurs comportements et leurs actions comme un seul homme. Souvent, la récompense promise d'entrer à la fin dans un meilleur jeu suffit à motiver le joueur. C'est le pari de Pascal pour croire en Dieu : l'homme a tout intérêt à *jouer le jeu* puisqu'il n'a rien à perdre et le paradis à gagner.

Avec la lente mort des dieux, sans autre maître du jeu, l'homme a dû créer d'autres jeux de Société pour organiser la cité. La politique fait évoluer les droits et les devoirs des joueurs appelés citoyens. Après la domination d'un seul homme, roi à la tête du jeu, la démocratie promet aux hommes non seulement de jouer mais de contribuer aux règles du jeu, d'en être maîtres à leur tour. La cité forge une communauté de destin, ni religieuse ni familiale, un attachement culturel à un espace donné. Un terrain de jeu délimité arbitrairement par des conventions humaines, sans grande raison géographique naturelle. Des hommes entre eux répartissent les droits d'accès à ces terrains ; pour y jouer, il faudra prouver que son identité y est attachée. De petits terrains de jeu étrangers, les ambassades, sont pourtant abrités par endroits sur la carte ; elles permettent aux joueurs en danger de basculer dans leurs règles, de s'extraire un moment du jeu autour, de jouer à chat perché.

Pour protéger son terrain ou l'agrandir, pour défendre son idée ou la conquérir, l'homme s'engage parfois dans le jeu de la guerre. C'est un jeu très réglé qui engage ses joueurs jusqu'au sacrifice ; là encore, les règles sont humaines, conventionnelles et partagées par les différentes équipes, les belligérants. Les joueurs – les soldats – portent l'uniforme autant pour s'équiper que pour reconnaître leur équipe et se différencier des civils qui, eux, ne jouent pas. L'espace et le temps y sont aussi limités, encadrés. Des zones sont définies comme neutres ou « hors jeu » à leur demande ou parce qu'elles assurent le nécessaire biologique, la vie de l'enfant et la survie des adultes, qu'ils s'agissent d'écoles, de fermes ou d'hôpitaux. Des trêves aussi sont organisées pour reposer les joueurs. Là encore, on ne joue pas avec la faim. Toute violation des « lois et des coutumes de la guerre », ses règles du jeu, comme le meurtre d'un civil ou d'un prisonnier, constitue un crime de guerre ; ce qui fait sortir son auteur du jeu et l'enferme pour le restant de sa vie. Dans ce théâtre absolu qui met la vie en jeu, l'homme doit plus encore se conformer aux règles, être fair-play, au risque de perdre plus qu'une victoire déloyale ne lui rapportera jamais : son honneur. En réalité, le jeu de la guerre est aussi hybride ; les soldats qui se battent pour survivre ne jouent pas, il n'y a que leurs chefs qui choisissent de jouer.

Ces guerres religieuses ou politiques sont aussi économiques, d'apparence souvent plus douces et régies par d'autres codes de l'honneur. La « concurrence déloyale » d'un joueur monopolisant les ressources ou les cartes Chance sera aussi sanctionnée pour tenter d'équilibrer le jeu. Dans ces champs de compétition féroce, les joueurs se retrouvent pourtant et coopèrent parfois pour faire évoluer les règles et maintenir le jeu. Et les jeux de paix, moins bruyants, resserrent ainsi le tissu de nos interdépendances et organisent aussi nos vies.

## Le monde en jeu

Enfant comme adulte, individu comme espèce, l'homme joue, c'est sa grandeur. À des jeux de société qu'il organise à sa portée, qu'il *comprend*, des jeux où il voit les autres joueurs, des jeux dont il vit le début et la fin de partie. Il joue aussi à des jeux qui le dépassent, des hyper-jeux où il ne voit pas ni ne connaît tous les joueurs, pas même de son équipe, ces hyper-jeux dont il n'expérimente souvent ni le début ni la fin : les jeux de Société. L'histoire humaine peut se lire en entier au prisme de ces jeux ; elle révèle que l'homme se réalise pleinement lorsqu'il joue : il est *Homo ludens*. En 1938, l'historien néerlandais Johan Huizinga forge ce concept pour dire le rôle fondamental du jeu dans la société humaine et analyser la « fonction sociale du jeu[1] ». Le jeu est pour l'homme une condition nécessaire à la génération de la culture. *Homo ludens* plutôt qu'*Homo sapiens* car « nous jouons et nous sommes conscients de jouer : nous sommes donc plus que des êtres raisonnables, car le jeu est irrationnel », écrit Huizinga. J'emprunte et je prolonge ici son concept pour chercher les

1. Johan Huizinga, *Homo ludens. Essai sur la fonction sociale du jeu* [1938], Gallimard, « Essais », 1951.

ressorts comme les solutions à nos impasses sociales et environnementales contemportaines. Si l'homme imagine et pose le but et les règles qui gouvernent sa société par-delà toute raison et logique ; de sa famille à sa civilisation, s'il joue sa vie sociale, il pourrait bien la concevoir autrement.

Ses jeux sociaux, spirituels, politiques ou économiques sont *contingents*, pétris de fictions qui diffèrent avec les régions et évoluent avec les âges. Selon que l'on a par exemple raconté l'enfance de l'homme par le sac des cueilleurs ou la flèche des chasseurs, le don de la vie ou le pouvoir de la reprendre, la mère ou le père se retrouvent maîtres et arbitres du jeu social. La croyance dans un pouvoir vertical des dieux puis des rois, ou l'aspiration à une organisation horizontale des peuples en change aussi les règles : le droit divin devient citoyen. Enivrées par le récit d'un état de nature sauvagement libre ou par l'idéal égalitaire, les doctrines économiques s'affrontent et dessinent un jeu sans règles, ou plutôt sans maître, contre un jeu aux règles strictes sans perdants ni gagnants. Surtout, en croyant qu'il est le propre fils de son maître, de son dieu, ou en érigeant avec autant de foi sa seule raison en fanal éclairant le monde, l'homme sépare sa culture de la nature qu'il croit dominer dans les règles de l'art ; il s'installe comme « maître et possesseur » d'un monde cependant plus grand que son jeu.

Comme l'animal pourtant, ou plutôt *comme animal vraiment*, l'homme ne commence à jouer que lorsqu'il sort du nécessaire, quand les possibles de sa vie sociale peuvent se superposer aux besoins de sa vie biologique ; quand il a assuré avec la nature, le vital. À l'amour comme à la guerre, il ne joue qu'en bonne santé. Il est *Homo ludens* parce qu'il est le seul des animaux à organiser sa société par des jeux complexes qu'il ne contrôle que partiellement, ces hyper-jeux dont il ne joue qu'un endroit d'une partie.

En dépassant la survie au fil des siècles, réduisant les famines et les maladies, *Homo ludens* a gagné du terrain sur la vie biologique. En s'émancipant du besoin vital, il se consacre progressivement à la vie sociale. C'est le sens de la civilisation : *jouer plus*. Plus souvent, plus longtemps, plus nombreux. En 1930, Keynes envisageait qu'il ne manquait plus qu'un siècle pour que le jeu soit complet, pour que l'homme se soit pleinement extrait du « problème économique », de la « lutte pour la subsistance ». À force de travail et de progrès techniques, l'humanité pourrait enfin répondre partout à ses « besoins absolus » et « employer la liberté arrachée aux contraintes économiques[1] ». Ses besoins satisfaits, le jeu pourrait conquérir la plus grande part de la vie humaine ; enfin *Homo* serait pleinement *ludens*.

À l'approche de l'échéance posée par Keynes, la production globale, propulsée par les machines, a dépassé ses attentes et nos besoins. Aujourd'hui,

1. John Maynard Keynes, *Lettre à nos petits-enfants* [1930], Les liens qui libèrent, 2017.

un tiers de la production alimentaire est même globalement détruite ou gâchée et l'homme meurt désormais plus d'obésité que de faim. Pourtant, localement, des famines persistent et l'extrême pauvreté grandit. S'il a produit plus que de besoin, l'homme n'a pas su partager ses gains ; il n'a pas invité *tout le monde* à jouer. Afférés à remplir le tonneau toujours plus percé de leurs « besoins relatifs », ceux de la supériorité individuelle, des hommes finissent par jouer contre les autres, contre leurs propres coéquipiers. Pris dans leur quête insatiable, leur victoire impossible dépend de la défaite certaine des autres, de leur sacrifice. Surtout, ce jeu économique qui élimine les joueurs épuise leur seul monde et menace *toute* la vie. Contre l'espoir d'une *vie de jeux*, l'homme a remis la *vie en jeu* ; il a conçu un jeu dangereux hors des limites du monde qui le supporte et qu'il oublie : la Terre.

Tous les jeux humains sont inventés un jour par un ou plusieurs hommes, ils débutent ou reprennent là où la nécessité naturelle s'arrête ou s'interrompt. Seulement, là où les jeux de diversion ou de simulation de l'enfant sont extérieurs au réel et n'ont pas de conséquences directes hors du jeu, les jeux de Société de l'adulte transforment le réel ; ils peuvent même remettre en jeu la vie biologique qu'il croyait acquise. Du travail à la guerre en passant par le mariage et la citoyenneté, si le but et les règles des jeux de Société sont imaginaires, leurs conséquences sont bien réelles. Ils transforment la Terre, les hommes et leurs relations.

Tous les jeux ont une porte d'entrée depuis le réel ; une porte que le joueur choisit de prendre pour entrer dans le jeu. C'est aussi une porte de sortie pour s'en retirer. Seulement, dans les jeux de Société, il y a un péage à cette porte ; ces jeux-là ont un coût d'entrée et de sortie, ce qui n'est pas le cas des jeux d'enfants. Entrer dans un métier ou dans le mariage implique une renonciation, un coût d'opportunité quant à d'autres expériences possibles ; en sortir présente aussi un coût réel comme le chômage ou la séparation des biens acquis pendant la partie. On ne sort pas indemne d'un jeu de Société comme d'un match à la fin de la récré. En perdant à chat perché, on est « touché » et on ne devient chat que dans le jeu ; à la guerre en revanche, on meurt sous l'uniforme, dans le « vrai monde ». Le jeu de la guerre bouleverse le réel ; il défigure les hommes et les villes, il détruit des vies humaines et naturelles. La guerre est même un « jeu corrompu[1] » car on y joue toujours *hors-jeu*, avec des vies biologiques qui n'ont pas choisi de jouer, encore moins d'être jouées. Pour le meilleur et pour le pire, les jeux de Société transforment ainsi le réel.

Pourtant, certains hommes oublient qu'ils jouent. Absorbés dans le jeu, ils en oublient la porte. Ils ne voient plus que le jeu, ils ne le séparent plus du monde. Pleinement consacrés à jouer, ils confondent ses règles humaines et conventionnelles avec des

1. Roger Caillois, *Les Jeux et les hommes*, Gallimard, 1958.

impératifs naturels et absolus. Pris au jeu qu'ils ne délimitent plus, ils s'y habituent et jouent sans alternative, comme s'il fallait forcément croire en tel dieu ou travailler pour telle entreprise pour vivre. D'autres hommes oublient le monde dans lequel ils jouent. Eux savent bien qu'ils jouent et ils en jouent ; ils changent les règles à leur profit mais se détournent des conséquences réelles de leur mode de jeu. Dans leurs jeux, ils se croient séparés du monde qu'ils « maîtrisent » ; avec eux, on joue au capitalisme comme au *Monopoly*, sans effet hors du jeu, sur le monde… Sans (vouloir) le voir, tous ces hommes mettent le monde en jeu.

Face au dérèglement climatique et à l'extinction de la biodiversité, l'homme est brusquement pris à son propre jeu, dans un monde qui n'a aucune porte de sortie. Il découvre que ses jeux artificiels n'étaient pas déconnectés de leur terrain naturel. Pire, il comprend que son jeu économique domine et détruit le seul monde qu'il habite, celui qu'il a oublié. Pliant trop loin son environnement réel à ses objectifs virtuels d'accumulation, il a corrompu le jeu en forçant tout le vivant à y participer. Il était le jouet des dieux et a fait de la nature le sien. Perdu : c'était elle la maîtresse du jeu. En sabotant l'équilibre naturel qui lui permettait de jouer, il a transformé l'écosystème planétaire en simple terrain de jeu et signé l'ère géologique de son nom : l'Anthropocène. Dans ce *dérèglement* du monde qui ravive les famines, les maladies et les guerres, l'homme a remis en jeu la vie qu'il croyait gagnée. *Homo ludens* découvre qu'à force de jouer hors-sol, il était hors-jeu et sera bientôt hors-monde.

Alors grand homme, quel jeu de Société t'entraîne ainsi à tout perdre avec lui ?

# PREMIÈRE PARTIE

# Perdu d'avance

« Il est plus facile d'imaginer la fin du monde que la fin du capitalisme. »

Fredric JAMESON

*C'est un jeu qui veut diriger tous les autres.*

*Ses règles changent souvent, son but jamais. Il s'agit toujours d'accumuler des richesses sans limites. On y gagne ce que les autres perdent, et parfois moins. On y joue seul, les uns contre les autres ; on y joue tous et parfois malgré nous. Le jeu transforme tous en joueurs et tout en jouets ; il n'admet pas de frontières ni d'alternatives, c'est un jeu total qui ne partage pas. Déconnecté du terrain qu'il dévore pourtant, c'est un jeu qui tourne en rond, vers le fond… On dit qu'il n'aura qu'un gagnant, celui qui aura tout pris ; alors tout sera perdu et le jeu sera fini.*

# 1

# Le Grand Monopoly

Je suis une voiture de course monoplace argentée. Prête à foncer dans mon couloir marron, bleu et noir, je vrombis sur la ligne de départ. Quatre et deux et c'est parti : rue de Vaugirard, 100 millions, j'achète ! Un navire de guerre rebondit sur ma case ; il me dépasse et j'enrage. Avec son double six, il rachète la seule compagnie de distribution de l'électricité. Plus loin, le chapeau haut de forme d'homme d'affaires court en tête ; propriétaire de toutes les voies jaunes, il construit ses maisons vertes puis ses hôtels rouges. Angoissée à l'idée de lui payer de tels loyers, j'accélère pour l'éviter ; flashée pour excès de vitesse, je dois 10 000 à la communauté. Voilà des heures, qui sont des décennies, que l'on tourne en rond sur ce plateau carré. Il est maintenant recouvert de maisons et d'hôtels qui masquent le nom des rues et saturent l'espace. Dans ce circuit sans vie, il ne reste des arbres que les billets de banque que l'on s'arrache. Et je n'en ai plus assez. Par « chance », j'hérite assez pour tenir d'autres tours ; mais quelques cases plus loin, après un accident, je paye encore davantage de frais d'hospitalisation. Le chapeau, lui, sourit. Il a colonisé plus de la moitié du plateau et de la banque ; il ne peut plus perdre. Et moi, je ne peux plus payer. Quel que soit mon coup de dés, au prochain tour, je sors du jeu, ruiné.

Avec plus d'un milliard de joueurs sur près de deux cent cinquante millions de plateaux depuis qu'il est commercialisé sous ce nom en 1935, le *Monopoly* a formé des générations entières à ruiner leurs adversaires. Premier jeu de société en circuit continu, son plateau dessine un chemin entre différents quartiers d'une ville, colorés selon des critères de popularité et de prix. Le but du jeu est de mettre en faillite les autres joueurs à coups d'opérations immobilières : pour gagner, il faut tout acheter. Une fois son monopole assuré sur les terrains d'une même couleur, le joueur peut y construire des maisons et des hôtels qui seront autant de terrains minés pour ses adversaires, qui devront, à chaque passage malheureux, payer des loyers toujours plus chers. Des cartes Chance forcent certains déplacements et rendent toujours plus probable de fréquenter l'avenue Henri-Martin que les Champs-Élysées… Le joueur bien informé ne s'y trompera pas. En bout de course, le vainqueur se définit *négativement*, non pas comme le premier à faire un monopole complet, mais comme le seul à ne pas faire faillite. Il gagne par défaut et n'ayant plus de clients possibles, le jeu s'arrête.

« *Monopoly* : le jeu où pour gagner, il faut de l'ambition et de l'argent, beaucoup d'argent, alors vous vous payez les plus grands hôtels ; la ville vous appartient si vous avez de la chance ! [...] *Monopoly* : faites de l'argent à partir de 8 ans[1] ! » Symbole du capitalisme et de sa plasticité, le jeu de société connaît des milliers de versions ; il change de couleur au gré des villes et des thèmes qu'il colonise. Avec l'âge, le jeu a illustré le passage d'une économie de besoins primaires à une économie de besoins relatifs : les cartes Chance engageaient des dépenses communes comme les frais de scolarité ; elles demandent désormais de payer des soirées sur une plage privée... En réaction sans doute aux récentes crises du capitalisme financier, la dernière édition du jeu est intitulée « Tricheur » : vous pourrez voler de l'argent à la banque, ne pas payer vos loyers et déplacer les pions des autres. Si vous n'êtes pas démasqué, vous gagnez plus encore... Autant d'éditions différentes qui changent la forme mais jamais le fond du jeu, les règles varient mais le but demeure : accumuler le plus de capital foncier possible.

Le jeu de société *Monopoly* semble conçu sur le modèle du jeu de Société capitaliste. Par-delà ce but commun d'accumulation de capital et la recherche de profit maximal, dans les deux jeux, la règle de la propriété privée des moyens de production

1. Publicité télévisuelle pour le jeu *Monopoly* en France, Parker, 1989, disponible en ligne dans les archives ina.fr « Ina éclaire l'actu ».

domine. Aussi, le jeu met ses joueurs en concurrence individuelle et en compétition continue les uns contre les autres pour toutes les ressources. C'est que le *Monopoly* mime un capitalisme libéral dont l'économie de marché, régie par la seule « loi de l'offre et de la demande », remet sans cesse en jeu les joueurs et les jouets. Comme un jeu dans le jeu, ce « libre jeu du marché » détermine le prix des jouets et des joueurs – et les y réduit. Chaque case, chaque maison, chaque hôtel a son prix ; chaque pion a son compte en banque. Pour nous faire viser l'accumulation totale, notre Grand Monopoly véhicule une histoire, la victoire conditionnée au profit maximal ; et le jeu de société de préciser dès l'introduction de son livret, « Comment gagner » : « Avancez autour du plateau en achetant le plus de propriétés possible. Plus vous possédez de propriétés, plus vous percevrez de loyers des autres joueurs. » Cette dynamique repose sur la confrontation « libre » entre l'offre et la demande : la mécanique marchande supporte ainsi la métaphore capitaliste. Le capitalisme fixe le but du jeu et le marché la règle.

Comme au *Monopoly*, le capitalisme n'est qu'un but, une finalité qui s'accommode toujours de nouveaux terrains et de nouvelles règles du jeu. Il peut prospérer en dehors d'un marché libre et d'une concurrence parfaite tant qu'il suit son but exclusif d'accumulation illimitée et pacifique de capital. Pour autant, notre jeu de Société diffère du *Monopoly* par son *inégalité des chances*. On n'y entre pas tous avec le même compte en banque et le terrain devant soi est souvent déjà construit ou miné. Nos pions se ressemblent mais les dés sont pipés ; les moyens d'atteindre la victoire ne sont pas équitablement distribuées. Et Immanuel Wallerstein de définir le capitalisme comme une « création de l'inégalité du monde[1] ».

Dans *La Foire aux immortels*, Enki Bilal dessine un futur où des dieux égyptiens jouent au *Monopoly* dans une pyramide flottant au-dessus d'un Paris dévasté. L'un d'eux s'exclame : « Avenue Matignon, j'achète !!! [...] J'ai les trois rouges, je vais construire[2]... » Comme si nous n'avions jamais joué à autre chose vraiment, le jeu du monopole et des ruines tirerait le fil de notre histoire, comme une constante anthropologique, de nos origines rêvées à notre avenir défait. Comme si le jeu capitaliste avait le monopole de notre imaginaire. Pourtant, rien dans ce jeu n'est inné ni absolu. Aucun penchant naturel de l'homme ne le limite à cette finalité du gain sur l'autre. Il s'agit d'une construction culturelle, d'une fiction datée, d'un moment d'une histoire que nous pouvons dépasser.

---

1. Cité dans Fernand Braudel, *La Dynamique du capitalisme*, Flammarion, 1985, chap. 3, « Le temps du monde » (« D'où le poids de l'affirmation d'Immanuel Wallerstein : le capitalisme est une création de l'inégalité du monde ; il lui faut, pour se développer, les connivences de l'économie internationale »).

2. Enki Bilal, *La Foire aux immortels*, planche n° 2, Dargaud, 1980.

## La Grande Transformation : un jeu total

### *Aux origines du capitalisme : un jeu économique parmi d'autres*

Le capitalisme, qui n'est qu'un jeu, n'est pas le seul. Les jeux économiques organisent les éléments d'un système, ils règlent les manières de produire et de distribuer la rareté entre les hommes. Comme son étymologie le rappelle, l'économie donne les *règles* de gestion de la « maison ». Jusqu'à la fin du Moyen Âge en Europe, les jeux économiques se dessinent sans le but du gain ni de l'accumulation. Dans *La Grande Transformation*, Karl Polanyi rappelle ainsi que l'économie était d'abord incrustée dans la société, que les jeux économiques suivaient les buts et les règles du jeu plus grand de la société ; « le système économique est une simple fonction de l'organisation sociale[1] », écrit-il. Ainsi, l'économie s'est d'abord organisée avec des jeux de réciprocité, de redistribution ou d'administration domestique.

Dans le jeu économique de la réciprocité, le joueur *donne* avec la confiance que son don sera compensé dans un futur indéfini. Dans *L'Énigme du don*, Maurice Godelier explique que « donner

1. Karl Polanyi, *La Grande Transformation. Aux origines politiques et économiques de notre temps* [1944], Gallimard, Tel, chap. « Sociétés et systèmes économiques », 1994, p. 95.

oblige les autres sans qu'il soit besoin de recourir à la violence [...] [Il est presque] impossible pour la majorité des individus et des groupes de ne pas entrer dans le jeu des dons et contre-dons, ou d'en sortir[1] ». Incrusté dans un jeu de Société symétrique, ce jeu économique n'a pas besoin du mobile du profit personnel ; motivé seulement par le souci et la confiance d'autrui, il renforce les liens sociaux et en tisse de nouveaux. C'est l'exemple du jeu du commerce kula dans les îles Trobriand, qui porte sur des bracelets de coquillages blancs et des colliers de coquillages rouges, tous différents et issus d'expéditions maritimes difficiles, tous nommés individuellement et chargés d'une forte valeur symbolique. Les partenaires dans le don ont un lien puissant, ils se doivent l'hospitalité l'un à l'autre. Dans ce jeu, aucun de ces objets ne peut être possédé plus de deux ans ; c'est un commerce sans accumulation ni profit ; « aucun marchandage, aucun troc, aucun échange n'entre en jeu ». Polanyi rappelle que le jeu kula n'est pas limité à quelques joueurs seulement, c'est « un système compliqué temps-espace-personne, couvrant des centaines de kilomètres et plusieurs dizaines d'années, mettant en relation plusieurs centaines d'individus, et portant sur des milliers d'objets strictement distincts, [qui] fonctionne ainsi sans archives ni administration, mais aussi sans qu'intervienne aucun mobile de gain ou de troc ». Pour l'auteur, cela fait du

1. Maurice Godelier, *L'Énigme du don*, Fayard, 1996, p. 207.

kula l'« une des transactions commerciales les plus raffinées que connaisse l'humanité ». Dans cet « archipel qui dessine à peu près un cercle », la population « consacre une portion considérable de son temps à faire le commerce kula ». Son circuit dessine un tout autre jeu que le *Monopoly* ; sans appropriation, sans accumulation ni compétition car au contraire « c'est en faisant don que l'on retire plaisir des biens que l'on a reçus[1] ».

Le jeu économique de la redistribution n'est pas non plus marchand. Depuis les peuples de chasseurs jusqu'aux systèmes de protection sociale contemporains, il s'agit pour le joueur de remettre sa production à une autorité partagée qui répartit le tout auprès de tous. « Présente sur une échelle gigantesque dans la civilisation des pyramides », la redistribution est intégrée dans un jeu de Société centralisé où les joueurs ne sont pas plus motivés par leur gain personnel. Dans une adaptation communautaire, le jeu de l'administration domestique applique ces règles de production et de redistribution à l'échelle de la tribu familiale ou ethnique. Il y a 2 000 ans déjà, Aristote notait que ce jeu – rendu possible par le développement de l'agriculture – ne supposait pas plus du mobile du gain.

À chaque fois, ces principes économiques suivent le modèle de la vie sociale du groupe. Le jeu économique est intégré et subordonné à un jeu de Société dont il décline les règles symétriques, centralisées

1. Karl Polanyi, *La Grande Transformation*, ouvr. cité.

ou autarciques en mode de production et de distribution des ressources. Le jeu économique est enchâssé dans le jeu de Société, lui-même intégré dans le monde naturel.

*Figure 1 : le jeu économique (noir) est un des jeux de Société (blanc) intégrés dans le monde naturel (gris)*

Même avec l'émergence du motif du profit personnel dans le troc ou le paiement sur une place de marché où les biens s'échangent à un prix fixé par le jeu de l'offre et de la demande, le jeu est limité et « encastré » dans les règles plus larges de sa société. Pour l'historien Fernand Braudel, c'est à partir de ce marché et de son mobile que le jeu capitaliste va se développer. Il le voit émerger au-dessus du marché, le guidant avec son seul but de bénéfice maximal. Dans sa perspective historique au long cours, de 1400 à nos jours, notre « vie matérielle » qui commençait le jeu de l'économie d'échange avec une forte part d'autoconsommation a laissé la place à la « vie économique » et à son économie de marché qui organise la production et « commande » la consommation. Seulement, sur le marché, tous les échanges ne sont pas aussi strictement réglementés et rendus transparents par les principes de la concurrence. Certains échanges échappent aux règles du jeu du marché et per mettent à peu de ses joueurs de dégager des profits importants. Pour Braudel, le jeu capitaliste prospère au sommet de ce marché et dirige désormais sa quête de profits continus et croissants ; progressivement, il se déconnecte du premier marché et de son monde d'origine. Pourtant, contre l'idée d'un état de nature concurrentiel et d'une immuable quête individuelle du gain, rien ne prédestinait le but capitaliste et les règles variables du marché à dominer les autres jeux économiques. Comme les autres jeux, le capitalisme libéral est une fiction interactive réglée ; en l'occurrence, une histoire de gains illimités grâce la concurrence continue entre individus propriétaires : le profit pour métaphore, la compétition pour mécanique. Le capitalisme n'est qu'un jeu créé par l'homme, porté à un moment donné par ses fictions et ses croyances.

Parmi ses croyances, il en est une religieuse qui aurait favorisé l'essor du jeu capitaliste : l'éthique ascétique protestante et la rigueur morale calviniste. C'est la thèse du sociologue Max Weber qui explique le développement de l'épargne par un certain « esprit » du capitalisme, une règle de bonne conduite des croyants protestants qui les motivait à « gagner de l'argent, toujours plus d'argent, tout en se gardant strictement des jouissances spontanées de la vie[1] ». Le dogme calviniste de la prédestination édicte que certains joueurs sont prédestinés à la vie éternelle, d'autres à la mort éternelle. Aussi, en se dédiant entièrement au travail – puisque toute activité de chrétien sert la gloire de Dieu –, le joueur ne recherche pas l'argent mais le signe de la reconnaissance de Dieu, la récompense du bon exercice de son devoir, de sa profession. Il ne parie pas seulement sur l'existence de Dieu, il joue son rôle du mieux qu'il peut ; il « joue le jeu ». Parce que cette croyance qui favorise l'accumulation du capital est partagée par un grand groupe de joueurs, elle accompagne la naissance et le développement du but capitaliste. Le Grand Monopoly peut commencer.

Polanyi date quant à lui l'accélération du jeu capitaliste avec la victoire de l'*idée* du marché libre. C'est un autre dogme, laïque cette fois, « le credo libéral » qui précipite le monde dans ce jeu : « Simple penchant pour des méthodes non bureaucratiques à sa naissance, il s'est développé en une véritable foi dans le salut de l'homme ici-bas grâce à un marché autorégulateur[2]. » Dès 1830, le jeu sans règle du libéralisme économique se répand, porté par un esprit de « croisade passionnée ». Pourtant, l'histoire rappelle que « le marché généralisé n'a pas existé en tous lieux et à toutes les époques » et que l'homme n'a

1. Max Weber, *L'Éthique protestante et l'esprit du capitalisme*, 1904.

2. Karl Polanyi, *La Grande Transformation*, ouvr. cité, chap. 12, « Naissance du credo libéral », p. 199.

pas non plus joué qu'à maximiser ses gains. Il est une construction idéologique portée par une partie des joueurs commerçants, aidée par d'autres joueurs politiques. Ensemble, ils sont devenus concepteurs du jeu économique, ils ont créé le Grand Monopoly.

### *La victoire du capitalisme ou le dernier jeu de Société*

Le jeu économique capitaliste prend bientôt les dimensions de la société tout entière. Dans la douleur et avec le sacrifice d'un grand nombre de joueurs, il permet pour autant, pour un temps, d'augmenter leur nombre et leur temps de jeu en les sauvant de la subsistance, les sortant de la seule vie biologique grâce à la croissance de la production. Les progrès techniques accélèrent la cadence, participent à l'élévation globale du niveau de jeu ; sans la faim, dans la bonne santé, vers les loisirs. Montesquieu voyait même dans le « doux commerce » un jeu coopératif qui augmente l'interdépendance des régions et des nations, une motivation certaine à la paix ; le libre-échange jouant ainsi en faveur des hommes. Ce jeu économique là permettait finalement de jouer plus ; à plus nombreux, plus souvent, plus longtemps. Rapidement, les bénéfices du but capitaliste et de la règle marchande repoussent encore ses frontières et éclipsent les autres jeux que l'on oublie, au risque de se priver de leurs avantages aussi. « Je crois aux vertus et à l'importance d'une économie de marché, mais je ne crois pas à son règne exclusif », signait Braudel au terme de son exploration historique du jeu capitaliste. Mais ce jeu capitaliste est *total* : il force tout dans son jeu à être joueur ou jouet. Dominant, il n'admet plus la coexistence de jeux concurrents ni même alliés ; il inhibe et exclut les autres jeux économiques. Par son seul but maximisateur, il absorbe et dirige même les autres jeux, plus grands, de Société...

*Figure 2. Le jeu économique a pris les dimensions du jeu de Société*

Comme *jeu total*, le capitalisme n'admet pas de frontières, ni dans le temps ni dans l'espace. Il s'étend de région en région, monopolise la sphère économique et bientôt au-delà, il régit l'organisation du monde « hors jeu ». Avec la seule exigence d'accumulation illimitée du capital, le jeu capitaliste n'est qu'un but sans règles. C'est un *méta-jeu* : il soumet les autres jeux à son but unique, il les associe à sa quête tout en préservant leur forme et parfois leurs règles. Tour à tour s'assemblent les jeux économiques et les autres, les joueurs volontaires ou contraints et les ressources jouées malgré elles dans son jeu invisible qui grandit aux dimensions du monde.

*Figure 3. Le jeu économique total grandit aux bords du monde*

Dans l'espace d'abord, le jeu total se mondialise et absorbe les autres jeux économiques sous l'institution commune du marché, vers le mobile désormais partagé du gain. Il profite d'échanges sans frontières pour les contaminer partout et Wallerstein poursuit : « Il est fils de l'organisation autoritaire d'un espace de toute évidence démesuré. Il n'aurait pas poussé aussi dru dans un espace économique borné[1]. » Le jeu total ne s'arrête pas là ; il absorbe tous les jeux et nous transforme tous en joueurs et tout en jouets : toute la société se soumet au marché. Toutes les sociétés humaines

1. Fernand Braudel, *La Dynamique du capitalisme*, ouvr. cité.

avaient jusque-là inséré, « encastré », les jeux économiques parmi d'autres. Pour la première fois avec le jeu capitaliste, « ce n'est plus l'économie qui est encastrée dans la société, mais la société qui se retrouve encastrée dans sa propre économie[1] ». L'économie de marché devient la société de marché. Le capitalisme a gagné : son jeu économique est devenu le seul jeu de Société. Et le jeu créa son joueur : l'homme tout entier est réduit à son avatar automatique, l'*Homo œconomicus*, celui qui ne joue qu'à maximiser son utilité et ses profits en toutes circonstances. Sans limites, le capitalisme absorbe rapidement les jeux non économiques et se répand hors jeu en contaminant, par-delà la frontière absolue du jeu, la vie biologique.

Après avoir conquis l'organisation des échanges de toutes les marchandises sur son marché, le jeu capitaliste invente des « marchandises fictives », comme le travail et la terre pour élargir encore son jeu. C'est la thèse de Polanyi qui rappelle que ces ressources ne sont pas des marchandises à proprement parler – seulement produites pour être vendues –, puisqu'elles sont directement prises à l'homme et à la nature. Ce sont les matières *vivantes* de la société, du monde tel qu'il nous est prêté. Les marchandiser revient à *soumettre la vie même au but capitaliste et aux règles du marché*. Pour l'auteur, « permettre aux mécanismes du marché de diriger seul le sort des êtres humains

1. Karl Polanyi, *La Grande Transformation*, ouvr. cité.

et de leur environnement naturel [...] aurait pour résultat de détruire la société[1] », car l'homme n'est pas qu'une « force de travail » ni la nature qu'une somme d'« éléments » détachables ; ce sont des ensembles complexes et interdépendants, affectés entièrement par l'agression de ce jeu dans la vie.

Prémonitoire, Polanyi conclut que « la nature serait réduite à ses éléments, l'environnement naturel et les paysages souillés, les rivières polluées [...], le pouvoir de produire de la nature et des matières premières détruit[2] ». Le monde vivant qui accueillait les jeux humains n'est plus qu'un plateau de ressources pour leur dernier jeu qu'ils croient plus grand que tout. Au siècle suivant, le nôtre, le Comité du capital naturel du gouvernement britannique illustre ce renversement « l'environnement fait partie de l'économie et doit y être correctement intégré afin que les opportunités de croissance ne soient pas manquées[3] ».

Le jeu total s'affranchit des limites absolues du jeu ; après avoir absorbé tous les jeux économiques et dirigé les autres jeux de Société, il soumet tout le vivant à son but ; il exploite et transforme la nature pour son seul « gain ». Au-delà de la société des hommes, le jeu total encastre maintenant le monde vivant.

---

1. Karl Polanyi, *La Grande Transformation*, ouvr. cité.
2. *Ibid.*
3. Dieter Helm, *The State of Naturel Capital : Restoring our Naturel Assets*, UK Natural Capital Committee, 2014.

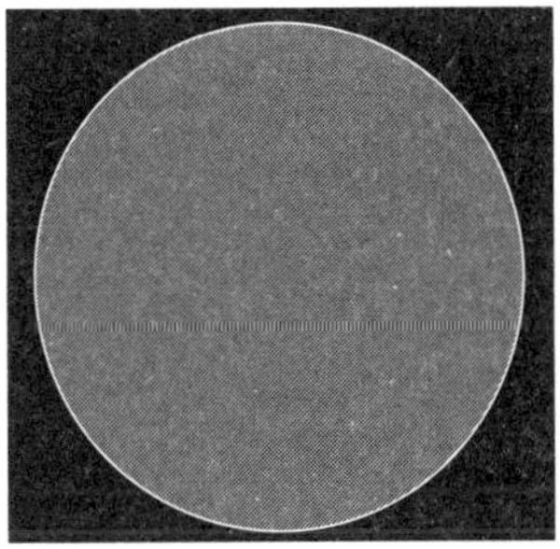

*Figure 4. Le jeu total domine et déborde le monde vivant*

*Partout*, l'homme et la nature se retrouvent joueur et jouet. Pourtant, le jeu total renie la liberté fondamentale de tout jeu : on ne joue vraiment que lorsqu'on choisit de jouer. Dans un renversement de l'histoire, les hommes se trouvent forcés à jouer pour vivre, ils doivent « gagner leur vie ». Après l'espace, le jeu total a absorbé le temps des hommes en en faisant des joueurs permanents. Par-delà le travail et la terre, il a depuis colonisé d'autres sphères non marchandes comme l'éducation et les loisirs. L'école entraîne les petits *Homo œconomicus* à la compétition individuelle et développe son marché de talents quand les loisirs, en grandissant, s'industrialisent. Ironie de l'histoire, la grande majorité des jeux vidéo, première industrie culturelle au monde avec ses 3,2 milliards de joueurs, devient le meilleur relais d'un nouvel esprit séculier du capitalisme, toujours porté vers l'accumulation privée mais sans ascèse cette fois, sans épargne : c'est le culte de la production et de la consommation illimitées qu'ils racontent.

Au XXIe siècle, on passe du *Monopoly* à *Minecraft*, jeu vidéo le plus populaire avec encore près de 250 millions d'exemplaires vendus. Le *Monopoly* proposait un circuit immobilier fermé à collectionner, *Minecraft* ouvre un monde virtuellement infini où le joueur peut exploiter, détruire ou transformer des ressources naturelles à l'envi. Le « mode créatif » lui permet même de ne pas avoir à composer, à fabriquer d'objets ; véritable démiurge, il peut créer ce qu'il souhaite instantanément, voler et s'extraire de toute responsabilité, ne pouvant subir aucun dégât sur son monde... Et nos nouveaux jeux de société disent ainsi l'insatiable appétit de notre jeu de Société.

Plus loin encore, en contaminant de son but maximisateur la sphère de notre subsistance, le jeu capitaliste franchit la ligne rouge qui sépare le jeu de la vie, le social du vivant, le contingent du nécessaire. Hors-jeu, le capitalisme s'empare quand même de la santé qu'il dirige vers le même objectif de gain, par les mêmes lois du marché, avec les mêmes comportements de compétition. Partout, à l'école comme au travail, à l'hôpital comme dans les loisirs, on joue au capitalisme qui, se cachant bien d'être un jeu, devient une « atmosphère généralisée[1] ». Le monde entier n'est plus qu'un jeu économique.

1. Mark Fisher, *Le Réalisme capitaliste. N'y a-t-il aucune alternative ?* [2009], Entremonde, 2018, p. 2.

## La Grande Séparation : un jeu hors monde

### *La quête absurde : quitter le monde pour le reproduire*

Comme processus d'accumulation continue, le jeu total doit toujours croître, même lorsqu'il a déjà conquis le monde. Après avoir absorbé les autres jeux et le monde vivant en inventant ses « marchandises fictives », il cherche encore à agrandir son plateau en créant de nouveaux terrains de jeu, réels ou virtuels, sur la planète Mars ou dans le métavers. Brandissant le drapeau pionnier des nouvelles frontières, le jeu capitaliste s'étend ainsi en dehors même du monde qui le porte mais qui l'ennuie, maintenant qu'il l'a tout entier exploité. Il rêve d'une autre Terre enfin nouvelle ; il ne cesse pourtant de la répliquer. Il s'agira alors pour les plus riches des hommes de survivre en scaphandre sur une planète hostile terraformée ; pour les autres, de jouer immergés, avec un casque de réalité virtuelle, dans une copie numérique d'une Terre illimitée.

En tête du Grand Monopoly, l'entrepreneur Elon Musk est l'homme le plus riche du monde. C'est aussi celui qui veut « coloniser Mars » pour « faire de l'humanité une espèce multi-planétaire[1] ».

---

1. Conférence d'Elon Musk au 67e Congrès international de l'aéronautique à Guadalajara au Mexique, le 26 septembre 2016.

En bon *Homo œconomicus*, il choisit de ne pas mettre tous ses œufs dans le même panier, de ne pas placer tous ses pions ni toutes ses maisons sur le même plateau. Lors du 67e Congrès international de l'aéronautique à Guadalajara au Mexique, en septembre 2016, Musk explique son plan d'évasion. Comme un joueur d'*escape room*, comme un prisonnier en cavale, il détaille les énigmes et les étapes de sa traversée à venir ; seulement pour lui, la pièce à fuir, la prison à déserter, c'est la Terre. Sans trop s'attarder sur les raisons du départ, il espère embarquer dans sa course un million de colons las des magies terrestres, assoiffés d'étendues inertes. L'évasion vers un autre monde est un des ressorts les plus puissants du jeu, c'est l'apogée du divertissement pascalien ; on se détourne du monde quotidien, on s'échappe de la Terre limitée. Seulement cette fois, le départ est sans retour, les colons quitteront la Terre pour de bon. Dans leur fuite en avant, les joueurs se séparent du monde vivant.

La grande évasion du monde se fait aussi en son sein. Immobile dans sa caverne, la tête sous un casque numérique, le joueur « connecté » peut s'immerger dans une autre réalité, celle qu'il veut. Il devient son pion qui rebondit sur les cases profondes d'un plateau en trois dimensions. Une foule solitaire échappe ainsi à l'obscurité de son monde réel pour les lumières des pixels. C'est la promesse du métavers formulée par un autre gagnant du Grand Monopoly technologique, Mark Zuckerberg, le concepteur des nouveaux « réseaux sociaux ». Dans une lettre du 28 octobre 2021, il explique à son tour sa mission pour l'humanité : « aider à donner vie au métavers ». Avec lui, les joueurs pourront créer leur avatar et leur propre environnement pour s'immerger pleinement dans leurs expériences virtuelles. Dans le métavers, tout peut se créer et s'acheter, le Grand Monopoly n'a plus de frontières, le terrain de jeu est sans limites. Paradoxalement, selon son créateur, c'est bien là que les joueurs développeront le « sentiment d'une véritable présence ». Branchés sur secteur, ils sont pourtant connectés à une *réalité virtuelle* qui les sépare un peu plus de la réalité naturelle ; plongés dans leurs mondes artificiels, ils s'absentent progressivement du monde vivant.

« Les jambes arrivent bientôt ! Êtes-vous excités ? », annonçait fièrement le compte de l'entreprise de Zuckerberg en octobre 2022. Les joueurs n'ont pas tardé à se moquer de cette « innovation » qui permettrait à leur avatar de tenir debout… En réalité, cette situation révèle la panne d'imaginaire des concepteurs de mondes virtuels qui ne font souvent que recopier le monde vivant ou plutôt humain. Dans sa démonstration de la plateforme au public, Zuckerberg a d'ailleurs choisi un avatar jumeau, une copie presque conforme de son identité réelle. Paradoxalement, dans ce monde où tout est possible, on copie seulement l'existant ; le métavers est un grand miroir pixelisé. Comme si le monde réel offrait finalement bien de quoi se divertir, de quoi jouer ensemble. Dès 2003, *Second Life*, le premier métavers, promettait déjà à ses joueurs une « seconde vie » ; quelques années plus tard, cette plateforme est désertée, moins féconde sans doute que le monde de la *première vie*. Sur Mars aussi, on veut copier-coller le vivant. Au lieu de « recommencer à zéro » sur la grande page rouge, on apprend que pour vivre il faudra d'abord « terraformer » la planète, lui donner les vertus de la Terre et son atmosphère en faisant exploser des bombes nucléaires à ses pôles… Mars ne serait pas un « autre monde » mais une « seconde Terre ». Dans les deux cas, dans l'espace ou l'ordinateur, en grandissant, le jeu total se sépare du monde qu'il recopie pourtant.

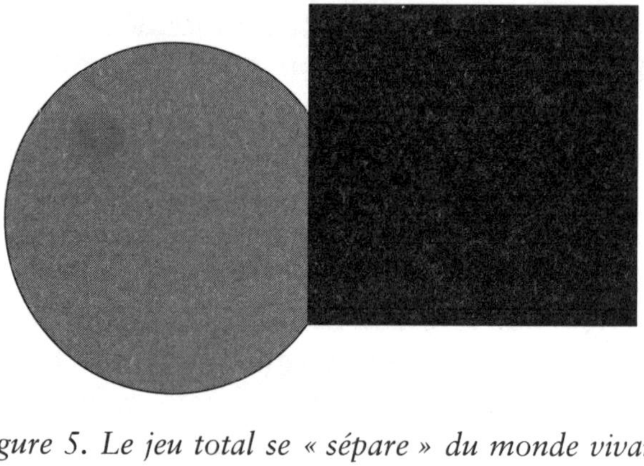

*Figure 5. Le jeu total se « sépare » du monde vivant*

### *La cécité végétale et le réalisme capitaliste*

L'homme joue sur un plateau qui se détache du monde en dessous. Même sans casque, il est immergé dans une réalité artificielle qui allume chaque case sur son passage et détourne son attention du vivant. Les tableaux publicitaires recouvrent le nom des rues qui recouvraient le bruit des arbres. Chaque jour, l'homme voit plus de mille deux cents messages publicitaires ; à cinq ans déjà, un enfant américain sait reconnaître mille logos de marque. En revanche, il ne sait pas nommer dix animaux et végétaux. En quelques générations seulement, les joueurs rivés sur le plateau du Grand Monopoly se sont séparés du monde naturel qu'ils ne (re) connaissent plus. Ou pour le dire comme le rappeur Orelsan : « Maman connaît l'nom des arbres, moi, j'm'en bats les couilles/ Superficiel, je sais juste te dire quelle marque est cool[1]. »

Surexposé aux lumières artificielles, le joueur ne voit plus le monde vivant ; le vacarme étincelant de Times Square a remplacé l'harmonie sauvage de la forêt, le plateau a remplacé la plage. Le joueur est devenu aveugle à son environnement naturel. En particulier, il développe une « cécité végétale » qui l'éloigne plus encore des plantes à qui il doit l'atmosphère et la vie[2]. Dans son monde où tout s'agite en clignotant de mille feux, le joueur ne perçoit plus la lente évolution des plantes et de leurs fleurs au rythme des saisons ; elles ne sont pour lui plus qu'un décor passif et homogène,

---

1. Orelsan, « Civilisation perdue », *Civilisation*, 2021.

2. Wandersee, James H., et Elisabeth E. Schussler. « Preventing Plant Blindness », *The American Biology Teacher*, vol. 61, n° 2, 1999, p. 82-86.

ennuyeux « comme la pluie ». Ce biais cognitif qui sépare le joueur de son environnement est culturel ; il est né dans le jeu total qui exploite et supprime la nature sans que le joueur s'y attarde. C'est que le capitalisme détourne son attention et monopolise son champ de vision.

À la réalité naturelle, le jeu a substitué la sienne, une réalité virtuelle quotidienne, une perspective qui encadre tout le monde dans son plateau et ses cases. C'est ce que Mark Fisher appelle le « réalisme capitaliste », un filtre permanent du jeu total sur notre perception du monde, une « atmosphère généralisée, [...] qui agit comme une sorte de frontière invisible, contraignant la pensée et l'action[1] ». Nul besoin de casque de réalité virtuelle, le joueur porte déjà les lunettes du capitalisme, il voit seulement le Monopoly, partout. Dans son discours à propos de la grande évasion, Musk raconte comment, sur le chemin, la Terre rétrécira aux yeux des futurs Martiens, avant de disparaître complètement ; ils ne regarderont plus en arrière mais seulement devant, leur nouvelle maison. Que ce soit par une autre planète, par un monde virtuel ou par le Monopoly quotidien, le jeu total détourne l'attention des joueurs de leur monde d'origine, il les en sépare et le leur fait oublier.

Depuis ses origines, la grande séparation et l'exploitation capitaliste des joueurs et du monde ont réveillé la critique ; mais là encore, le jeu total

1. Mark Fisher, *Le Réalisme capitaliste*, ouvr. cité, p. 10.

l'absorbe. En la traitant comme une demande, il consomme la contradiction et la digère pour mieux la revendre à ses propres auteurs... Notre joueur aliéné, furieux du manque de liberté, *achète* la révolution sur un T-Shirt imprimé de la tête du Che. Las d'être commandé dans un monde artificiel, le joueur demande de l'authenticité et de l'autonomie. Il atterrit sur une plage bondée pendant les vacances, l'ordinateur professionnel sur les genoux, au cas où. Total, le jeu prend ainsi tout l'espace du monde et tout le temps des joueurs, toute leur attention surtout. Il intègre une partie des critiques qui lui sont portées en modifiant ses règles sans jamais remettre en cause son but. Depuis des siècles, il change de forme mais pas de fond. Capable de passer « d'une ruse à l'autre, d'une forme d'action à une autre », selon l'expression de Fernand Braudel, il demeure fidèle à lui-même, un méta-jeu menant le but des autres.

Habituée à être consommée par sa cible, la critique radicale anticapitaliste accepte bientôt son « anti-productivité » ou peut-être la provoque-t-elle en y croyant... *Hors jeu* capitaliste, elle s'organisait pour y mettre fin ; elle se résigne finalement à y jouer pour le réformer de l'intérieur, au risque d'être cette fois *hors sujet*. En essayant seulement de changer certaines règles sans toucher à son but, la critique finit par le renforcer. C'est que le jeu capitaliste est parvenu à faire croire qu'il n'avait pas d'alternative : à la chute de l'Union soviétique qui prouvait sa domination sur le jeu communiste, il remportait plus qu'une partie en attendant d'autres adversaires, il gagnait tout le jeu politique en s'installant comme la seule possibilité. Au faîte de sa gloire, il gagnait de n'être plus interprété comme un jeu économique ou même un jeu plus grand de Société, mais comme l'unique réalité. Comme un filtre commun sur le réel, s'impose le *réalisme capitaliste* qui reconnaît partout le système et n'envisage aucune alternative. L'homme qui s'oublie joueur pense et vit au seul prisme du capitalisme ; il est « pragmatique » puisqu'il ne *voit* vraiment rien d'autre autour.

En faisant oublier qu'il n'est qu'un jeu, le capitalisme dissipe le réel qu'il prétend remplacer. Dans un dernier élan paradoxal, il se confond avec le monde dont il s'est déconnecté. Mais son but sans règles épuise les joueurs et le monde dont il a toujours besoin pour prospérer. Derrière l'écran, la greffe ne prend pas ; incompatible avec le vivant qu'il corrompt, le jeu meurt avec lui, il touche à sa fin.

2

# Capitalisme : fin de partie

> « Le dernier joueur dans le jeu gagne », règle de 1935 citée par Mary Pilon, *The Monopolists : Obsession, Fury, and the Scandal Behind the World's Favorite Board Game*, Bloomsburry, 2015

Au *Monopoly*, le jeu s'arrête quand un joueur a fini de ruiner tous les autres. Il a atteint le mono pole mais n'a plus de clients pour continuer à jouer. Avec une dizaine d'hommes qui détiennent autant que la moitié la plus pauvre de l'humanité, le capitalisme pourrait aussi sonner sa fin. Aussi, en ayant permis d'enrichir globalement la société humaine, ce jeu économique aurait prouvé son efficacité à rejoindre sa *finalité*, telle que Keynes la formulait : résoudre « le problème économique » de la subsistance. On l'a dit, grâce aux progrès techniques, la production alimentaire globale a dépassé la demande : l'homme a plus que nécessaire. En passant ce seuil historique, son espèce se détachait de son problème « permanent [...] primordial et le plus pressant » : la survie. Enfin, tous les hommes pourraient jouer ensemble. L'espoir de Keynes se réaliserait alors, nos besoins assouvis, « nous préférerons consacrer alors nos énergies encore disponibles à des buts non économiques ». Émancipés du carcan de la nécessité, nous changerions de but et partant de jeu, sans plus avoir besoin d'accumuler de l'argent pour survivre « nous en reviendrons à estimer les fins plus que les moyens, et à préférer le bon à l'utile. Nous honorerons ceux qui sauront nous apprendre à cueillir le moment présent de manière vertueuse et bonne, les gens exquis qui savent jouir des choses dans l'immédiat, les lys des champs qui ne tissent ni ne filent[1] ». Le jeu capitaliste laisserait ainsi la place à de vrais jeux en somme, libres et motivés par le plaisir.

Seulement, localement, des famines subsistent. Avec plus d'un tiers de la production alimentaire mondiale gaspillée et une part importante de surconsommation de produits voraces en surfaces agricoles comme le lait et la viande, nous épuisons la Terre sans même permettre à tous les hommes de jouer. Surtout, avec son but d'accumulation continue, le jeu capitaliste ne semble pas vouloir s'arrêter. Renforcé par l'esprit de l'*Homo œconomicus*, modèle hors-sol de son pion idéal au comportement individualiste et maximisateur,

---

1. John Maynard Keynes, *Lettre à nos petits-enfants* [1930], ouvr. cité.

le jeu total veut continuer les tours de plateau. Il pourra même compter sur la machine pour aider les joueurs ou les remplacer dans leur tâche infinie. Mais comme le signait avec humour l'économiste Kenneth Boulding, « celui qui croit qu'une croissance exponentielle peut continuer indéfiniment dans un monde fini est soit un fou, soit un économiste[1] ». En négligeant des joueurs et en dépassant les limites du monde masquées par le plateau, le jeu se condamne mécaniquement : on ne joue plus quand on touche au vivant.

## Le remplacement artificiel : un jeu sans joueurs

### *Aux origines du Monopoly : la critique sociale du capitalisme*

L'origine du *Monopoly* raconte bien la limite sociale du jeu capitaliste. Si l'entreprise Parker a donné à un certain Charles Darrow la paternité du célèbre jeu de société au début des années 1930, créant le mythe d'un chômeur inspiré par les années noires de la crise, c'est en réalité à une femme, Elizabeth Magie, que l'on doit le jeu dès le début du siècle. En 1902, elle crée le *Landlord's Game*, le « Jeu du propriétaire foncier », non pour glorifier

1. Cité par J. Uldrich, *Jump the Curve*, Adams Media Corporation, 2008.

la mission capitaliste mais au contraire pour faire comprendre « la nature antisociale du monopole ». Véritable critique sociale, elle veut démontrer par les leçons du jeu – qui symbolise son monde – l'injustice de l'accaparement des terres et de ses conséquences. Pour sa création, elle s'inspire de l'analyse de l'économiste américain Henry George qui a observé lors d'un voyage à travers l'Amérique le paradoxe d'une pauvreté qui se développait au même rythme que le « progrès ». Selon George, ces deux réalités cohabitaient à cause d'une inégalité d'accès à la propriété foncière, donc à sa jouissance. Anticipant les enjeux des biens communs, il défendait l'idée qu'un « droit égal à tous les hommes d'utiliser la terre est aussi évident que leur droit égal à respirer l'air – c'est un droit proclamé par l'existence même[1] ».

Elizabeth Magie diffuse la thèse de George de manière innovante, en l'appliquant dans son jeu de société où les rentes enrichissent toujours les premiers propriétaires et appauvrissent les locataires. Là où les jeux de société de l'époque étaient toujours linéaires avec un début et une fin clairement identifiés, Magie invente, pour son plateau de jeu, le premier circuit fermé : un chemin continu qui évoque déjà les tours d'accumulation infinis. Sur le plateau, Magie symbolise une économie complète avec sa monnaie, sa banque et ses taux d'intérêt, ses impôts aussi. Surtout, le plateau figure des quartiers dont les propriétés sont à vendre ou à louer aux

1. Henry George, *Progress and Poverty*, Appleton & Cie., 1879.

prix affichés. Sans surprise, dès les premières éditions qui simulent la ville de New York, Wall Street et la 5e Avenue sont les plus cotées. À chaque tour, si le joueur en a besoin, l'eau et l'électricité seront payantes ; plus précisément il devra payer un adversaire qui les aura privatisées, comme les terres, à son premier passage. Et de tour en tour effectivement, les premiers propriétaires s'enrichissent d'autant que les locataires de passage s'appauvrissent…

Comme le capitalisme qui adopte des formes et règles variées selon les régions, le *Landlord's Game* permet aux joueurs de l'adapter selon leur foyer et leur ville. Les règles aussi pouvaient évoluer et Magie voulait que « chacun accommode le jeu à sa façon », à la seule condition, comme pour le capitalisme, que cela n'affecte pas son but, en l'occurrence pour Magie, que la conclusion et la morale du jeu soient préservées. D'ailleurs, elle refusera plus tard que le président de Parker modifie le sens du jeu.

Dans ses propres commentaires sur son jeu en 1902, Magie raconte combien les enfants, dès neuf ans, se plaisent à simuler leur vie de grands avec de faux billets et de fausses propriétés. Rapidement, « ils apprennent que le chemin le plus court vers l'accumulation de richesse et le pouvoir est d'acquérir le plus de terrains le mieux placés possible et de les garder[1] ». Consciente que la critique lui reprochera probablement de pervertir l'esprit des plus jeunes, elle rétorque au contraire qu'elle

1. Article de *The Single Tax Review*, automne 1902.

cherche à stimuler leur conscience car ils ne supportent justement pas l'injustice. Magie invite à observer les enfants dans leurs jeux pour voir combien ils sanctionnent les tricheurs ou refusent les règles injustes allant jusqu'à renoncer au jeu s'il n'est pas équitable : « Et qui n'a pas entendu à peu près toutes les petites filles dire "Je ne jouerai pas si tu ne joues pas franc[1]". » Le jeu inéquitable rompt avec l'un des principes fondamentaux du jeu, il n'est plus incertain. Le premier « Landlord » arrivé sur la case est sûr de gagner : « C'est pas du jeu. »

En adaptant l'analyse de George sous la forme d'un jeu de société, Magie souhaite que sa démonstration soit accessible au plus grand nombre, jusqu'aux enfants piqués par l'injustice apparente du jeu qu'ils retrouveront bientôt en plus grand, afin qu'alors ils puissent changer les choses. « Que les enfants voient une fois clairement l'injustice flagrante de notre système foncier actuel et quand ils seront grands, si on les laisse se développer naturellement, le mal sera vite réparé[2]. »

Par-delà l'illustration d'un système foncier injuste, le « Jeu du propriétaire foncier » déploie la logique du jeu économique dominant devenu le jeu total qui a absorbé toutes les sphères de la société, le méta-jeu qui dirige les autres avec son unique but d'accumulation. Et Magie de conclure dans ses notes : « On aurait pu l'appeler le "jeu de la vie",

1. Article de *The Single Tax Review*, automne 1902.
2. *Ibid.*

car il contient tous les éléments du succès et de l'échec dans le monde réel, et l'objectif est le même que celui que semble avoir la race humaine en général, c'est-à-dire l'accumulation de richesses[1]. »

Les enfants qu'observait Magie ont grandi, leurs enfants et leurs petits-enfants aussi, mais le jeu de société n'a pas vraiment changé. Le *Monopoly* a pris les dimensions du monde que l'on a fini de quadriller en autant de cases vertes, jaunes, bleues, rouges à exploiter, à acheter ou à louer. Le circuit fait maintenant le tour de la Terre. Si le siècle qui s'ouvrait avec le « Jeu du propriétaire foncier » a connu de grandes victoires sociales, si les règles ont parfois changé et par endroits protégé les joueurs, d'autres monopoles aux conséquences plus radicales encore que ceux du sol ont émergé, comme celui de la technologie.

### *Le robot : un jouet devenu joueur*

Dès la case départ, le progrès technique a accéléré le jeu capitaliste et a permis d'enrichir la table et d'élargir la base de joueurs. Avec l'intelligence artificielle, les derniers développements des machines informatiques permettent de rationaliser et d'accélérer plus encore la production d'un monde désormais numérisé. Les premières machines avaient multiplié la force musculaire des joueurs humains. Comme alliée de l'homme,

1. Article de *The Single Tax Review*, automne 1902.

cette machine-là peut augmenter sa connaissance, voire son intelligence, en l'assistant dans des situations complexes. Le jeu technologique serait ainsi un jeu à somme positive. Pourtant, au lieu de la concevoir comme complément et de jouer *avec* elle pour s'améliorer, l'homme choisit de la créer à son image et de l'affronter. Le jeu sera au mieux à somme nulle. Sur la ligne de départ, le chapeau voit un nouveau pion décoller, le robot. Le jouet est devenu joueur ; il pourrait bientôt battre son maître à ses propres jeux et le remplacer.

Le jeu d'échecs est historiquement reconnu comme un terrain de représentation de l'intelligence humaine. Sans hasard ni information cachée, le « roi des jeux » expose les adversaires à armes égales sur son damier noir et blanc. Dès la fin du XIXe siècle, Alfred Binet, un des pères des tests contestés de quotient intellectuel, cherchait chez ses grands joueurs un étalon pour son échelle métrique de l'intelligence. Un siècle plus tard, on mesurera cette fois l'intelligence artificielle en la confrontant à celle du champion du monde en titre : Garry Kasparov. Le 10 février 1996 à Philadelphie, le roi des échecs est défié par un adversaire inédit et impressionnant avec ses sept cents kilos pour deux mètres de hauteur. Le champion des hommes joue contre le représentant des machines. Il s'appelle Deep Blue ; c'est un supercalculateur issu d'un projet de recherche de dix ans à l'université Carnegie-Mellon, développé par l'entreprise IBM. Première partie : victoire de la machine. L'humanité faiblit derrière son champion qui remporte finalement le match : 4 à 2. Nous voilà soulagés. Et Kasparov de narguer son opposant avec une ironique acuité : « L'ordinateur capable de me battre n'est pas encore construit. »

L'année suivante, le match retour voit justement apparaître une version améliorée du programme d'IBM, surnommée pour l'occasion Deeper Blue. Il pèse désormais le double pour 1,80 mètre, calcule entre 100 et 300 millions de positions par seconde et 12 demi-coups de profondeur en moyenne. Kasparov remporte la première partie, et au quarante-quatrième coup la machine bogue et effectue un coup totalement aléatoire[1]. Pourtant, quelques heures plus tard et pour la première fois de l'histoire, le champion du monde s'incline 2,5 contre 3,5 : la machine a gagné. Dérouté par certains coups inédits pour une machine, l'homme a fini par se perdre, « oubliant que sa tâche était "seulement" de gagner, [il] a dépensé toute son énergie à vouloir percer le mystère[2] ». Frustré, Kasparov demande une revanche qu'il n'aura jamais.

Sur le plateau, la machine gagne du terrain. Aux échecs, puis au go. La complexité de ce jeu de plateau chinois millénaire l'a élevé au rang d'art : au début d'une partie, les combinaisons

1. Récit de Murray Campbell, un ingénieur travaillant sur Deep Blue, rapporté par Nate Silver dans *The Signal and the Noise* et cité par Brad Plumer, *Washington Post*, 26 septembre 2012.

2. Aldo Haik, « Deeper Blue gagne 3,5 contre 2,5 : Le champion d'échecs est une machine », *Le Figaro*, 13 mai 1997.

possibles s'élèvent à 10 puissance 170 contre 10 puissance 120 pour les échecs ; pour comparaison, l'univers comporte 10 puissance 80 atomes. En mars 2016, c'est à ce jeu qu'un match humain-machine oppose le champion Lee Sedol au programme AlphaGo, créé par le laboratoire d'intelligence artificielle anglais DeepMind. Devant 200 millions de téléspectateurs, la machine terrasse l'homme 4 à 1. Elle a appris à jouer à partir des stratégies gagnantes de millions de parties jouées en ligne par des humains. Lors de la deuxième partie, Lee Sedol est choqué par le trente-septième déplacement de la machine qu'aucun humain n'aurait fait. À son tour, à la quatrième partie, il se déplace comme aucune machine ne l'aurait envisagé. Mais cette unique victoire ne le consolera pas et Sedol, traumatisé comme Kasparov, prendra sa retraite et déclarera que « l'intelligence artificielle ne peut être vaincue ».

Pourtant, cette IA-là, AlphaGo, sera bien battue deux ans plus tard, et brutalement : 100 à 0. Seulement, le vainqueur du logiciel est un autre logiciel, AlphaGo Zero, une nouvelle version qui n'a eu besoin d'aucun exemple ou connaissance humaine pour apprendre. Les seules règles du jeu et la position des pierres sur le plateau suffisent à ce réseau de neurones artificiels ; sans humain à la hauteur pour progresser, le programme jouera seulement contre lui-même, son meilleur adversaire, des millions de fois. L'algorithme devient plus important que la qualité ou quantité de données, d'expériences humaines pour l'apprentissage ; un algorithme qui utilise du même coup moins de puissance de calcul que les précédents. S'élevant d'une stratégie aléatoire à un jeu redoutable, le programme apprend par *renforcement*, une technique qui n'est plus limitée par la connaissance humaine[1] et permet d'envisager des coups jamais révélés par nos mille années d'expérience humaine. En ouvrant des stratégies inédites, le logiciel a brusquement élargi les possibilités du jeu pour ses joueurs humains ; grâce à la machine, ils découvrent sur le plateau ancien de nouvelles voies qui élèvent leur propre jeu. La machine a dépassé l'homme, elle lui apprend maintenant à mieux jouer. Sauf quand certaines parties lui sont hors de portée…

« Il n'y a aucun joueur au monde qui peut contrôler ces unités d'une telle façon, avec ce genre de précision […] ce n'était pas humain, c'était surhumain[2]. » Le 19 décembre 2018, les commentateurs du match de *StarCraft II* sont choqués ; MaNa, le champion humain a été balayé 5-0 par un autre logiciel Alpha issu du même laboratoire qui venait de remporter le jeu de go. *StarCraft II* est un jeu vidéo de stratégie en temps réel où les joueurs incarnent une armée humaine ou extraterrestre engagée contre une autre à bâtir les plus puissants édifices et vaisseaux militaires en extrayant minerai et gaz dans le sol virtuel, en

1. Silver, D., Schrittwieser, J., Simonyan, K. *et al.*, « Mastering the game of Go without human knowledge ». *Nature* 550, 354–359 (2017).

2. Julien Lausson, « "C'était surhumain" : des joueurs professionnels ont perdu contre une IA à *StarCraft I* », *numerama*, 25 janvier 2019.

coordonnant des dizaines d'unités sur autant de champs de construction, d'espionnage, de combat. Jeu total s'il en est, avec son but d'accumulation matérielle infinie et sa compétition frontale. Comme dans le monde réel, le joueur joue souvent à l'aveugle, un « brouillard de guerre » recouvrant une partie de son champ de vision, déjà limité par le déplacement de la caméra sur la carte. Pour rendre le match équitable, le nombre d'actions par minute et le champ de vision du logiciel sont « réduits » aux capacités de l'homme.

Rien n'y fait, le programme engagé dans la compétition européenne bat 90 000 humains. Son réseau de neurones artificiels s'est d'abord entraîné en observant un nombre de parties humaines équivalant à deux cents ans de jeu en ligne, avant de jouer contre lui-même – son meilleur adversaire – pour progresser. Si les commentateurs sont à ce point surpris, c'est que le jeu revêt un degré de complexité qu'ils croyaient inaccessible à la machine ; malgré l'information incomplète, le jeu exige d'exécuter plusieurs tâches à la fois, de micro et macro-gestion, et de planifier à des horizons de temps multiples. Devant l'impuissance du champion humain, tous reconnaissent que la machine est devenue un joueur à part entière, et sûrement le meilleur.

Trois ans plus tard évidemment, l'intelligence artificielle apprend à jouer au *Monopoly*. Après 11,2 millions de parties jouées en deux semaines, l'équivalent de mille six cents ans de jeu humain, la machine révèle des stratégies toujours gagnantes et, partant, l'inégalité intrinsèque au jeu. Jouer le premier augmente les chances de succès ; à quatre joueurs, le premier lancé remporte 5 % de parties en plus ; il en gagne 57 % de plus à un contre un. En tête, le robot est agressif, en difficulté, il est passif. Il achète tout ce qu'il peut et marque une préférence pour les cases orange et les gares[1]. Magie ne pouvait sans doute pas imaginer que la morale de son jeu serait ainsi démontrée par la machine même qui contribue à aggraver l'injustice sociale du jeu.

L'efficacité de ces machines intelligentes dépend de la quantité et de la qualité des informations, de données qu'elles ingèrent. Pour réaliser leur but productiviste et gagner le jeu, les machines « intelligentes » ou plutôt leurs propriétaires doivent accaparer le maximum de données sur les joueurs. Le jeu technologique, porté par le but capitaliste, court vers le monopole. D'abord par industrie avant que le jeu n'oppose les vainqueurs de ce premier niveau, les plateformes, pour gérer bientôt la vie entière des joueurs. Comme au *Monopoly*, le gagnant aura ruiné tous les autres, non pas en leur prenant leur argent mais leurs informations cette fois. Au lieu de s'allier en équipe avec sa création, l'homme joue contre elle aux échecs, au go, à *StarCraft*, au *Monopoly*, comme dans la vie. Elle qui, pour un nombre grandissant d'activités a plus de dés que lui mais pas encore de taxes ni de case prison.

---

1. B2studios, « AI learns Insane Monopoly strategies », vidéo YouTube, 21 décembre 2021.

Tout se déroule comme si, dans sa course productiviste, le jeu capitaliste avait fini d'exploiter la marchandise fictive du travail pour non plus l'assister mais la *remplacer* par la machine. C'est qu'après la mort des dieux et la réduction au silence des utopies, le capitalisme a trouvé – ou écrit – dans le jeu technologique une eschatologie compatible avec son but illimité : la croissance exponentielle du pouvoir des machines. Le dogme de la *singularité technologique*, pétri davantage de fictions que de science, fait ainsi croire au dépassement certain de l'homme linéaire par la machine exponentielle. La singularité prédit le point de bascule où l'intelligence artificielle excéderait partout les compétences cognitives de l'homme. Cette foi technologique culpabilise l'homme d'être une machine imparfaite qui ne fait pas que produire, à côté de celle qui ne dort pas ni ne mange. Ébloui par sa création, l'homme joue au pompier pyromane : il construit le robot androïde qu'il veut enfermer. Bientôt, il l'épousera pour lui échapper. Il est tout à la fois effrayé à l'idée d'être bientôt dépassé, d'atteindre le point de singularité après lequel il sera « hors jeu », et excité par la possibilité de s'extraire de la pesanteur biologique. Il rêve ainsi de fusionner avec le robot, d'être un cyborg ; de devenir machine et d'exécuter le programme du bon joueur. Et comme pour se préparer à leur union, l'homme mime déjà la machine.

Dans ce jeu total qui les oppose, à force de jouer *contre* la machine, l'homme finit par jouer *comme* elle. Au fil de ses victoires, la machine devient l'étalon de mesure du jeu humain, de son intelligence et même de sa bêtise. Avec l'essor des compétitions d'échecs homme-machine, Kasparov notait que l'on évaluait le joueur humain sur les seuls critères d'efficacité de la machine : « De plus en plus, un mouvement n'est pas bon ou mauvais parce qu'il en a l'air ou parce qu'il n'a pas été fait de cette façon auparavant. Il est simplement bon s'il fonctionne et mauvais s'il ne fonctionne pas. Bien que nous ayons toujours besoin d'une bonne dose d'intuition et de logique pour bien jouer, les humains d'aujourd'hui commencent à jouer davantage comme des ordinateurs[1]. »

Plus de style spécifique à l'ingéniosité et à la créativité humaine, mais un jeu uniforme qui vise seulement la fin la plus rapide. Au lieu de dérouter la machine qu'il a créée sur le plateau qu'il a inventé, l'homme fait le jeu de la machine ; dans un renversement ontologique, il devient son miroir déformé et, en tâchant de jouer comme elle, il est condamné à perdre. En jouant à la seule efficacité logique, les hommes jouent sur leur plateau mais sur son terrain ; ils abdiquent en réduisant leur intelligence propre à son calcul froid.

Dominé déjà par la pensée computationnelle et techno-solutionniste, qui ne voit ou ne crée partout que des bogues à résoudre, l'homme joue déjà

1. Garry Kasparov, « The Chess Master and the Computer », *The New York Review*, le 11 février 2010.

à la machine. Et le jeu créa son joueur, un véritable *Homo œconomicus*, en chair et en os, bientôt en silicone et en acier. Avec le même objectif de gain et la même dynamique de rationalisation, le *réalisme technologique* renforce le réalisme capitaliste. Ironiquement, la prophétie de la singularité technologique se réaliserait moins par la victoire des machines que par la défaite ou plutôt le forfait des hommes. Libérés de la subsistance, ils s'enferment cette fois dans un monde calculé d'avance où la « liberté » consiste à exécuter le programme du jeu. Comme dans le film *Matrix*, en échange d'un divertissement permanent, l'homme finirait par nourrir la machine qui l'assistait. Et le jeu humain s'arrêterait ainsi faute de joueurs. Pourtant, la singularité technologique relève encore de la fiction ; c'est une histoire puissante mais insuffisante pour garantir la souveraineté des machines. En réalité, c'est encore à l'homme de décider ; veut-il créer son double pixélisé ou son assistant ailé ? Laisser sa place ou changer de jeu ? Rien ne l'oblige à encoder le but du jeu total dans sa machine ; au lieu du remplacement fatal, il pourrait construire avec elle un *déplacement* fertile de son rôle dans les jeux.

Plus réaliste mais moins bruyante que le mythe stérile du *remplacement artificiel*, ce jeu sans joueur, une autre fin du jeu se poursuit : l'*extinction naturelle*, un jeu sans monde.

## L'extinction naturelle : un jeu sans monde

### *De l'extraction à l'extinction : le « mode chaos »*

En confondant la carte et le territoire, le plateau et la Terre, l'homme a oublié le monde sur lequel il jouait. Si le capitalisme et le *Monopoly* répondent à la même règle fictive, le premier – à la différence du second – affecte directement son environnement réel. La construction de cinq maisons ou d'un hôtel sur un terrain coûte souvent plus cher à la nature qu'elle ne rapportera jamais à son « propriétaire ». Le mode de jeu « créatif » de *Minecraft*, celui qui permet de tout produire et consommer sans limites, est sur Terre *destructeur*. L'extraction des énergies fossiles qui alimentent le jeu capitaliste provoque le dérèglement climatique et les dégâts réels que l'homme joueur ne pourra pas supprimer d'un clic ni même isoler dans une sauvegarde cachée. Pas plus qu'il n'y a d'activités virtuelles ou « dématérialisées » dans un « nuage » informatique, mais des kilomètres de câbles qui font courir de l'électricité sous la terre percée et des bibliothèques de serveurs noirs garnis de métaux rares, refroidis à l'eau. Les quelque 3,5 milliards de kilomètres carrés de terrains virtuels créés sur *Minecraft* n'ont pas remplacé ni augmenté les 510 millions de kilomètres carrés de notre Terre réelle, déjà saturée ; au contraire, ils les consomment un peu plus.

Plus discret que *Minecraft*, un autre jeu vidéo de minage raconte cette relation entre l'action virtuelle et l'impact physique. Dans *ClickMine*, le joueur creuse simplement un trou dans un champ de pixels. À chaque clic, qui représente un coup de pelle, il gagne un *token*, une monnaie virtuelle. Il en accumule bientôt assez pour renforcer sa pelle et frénétiquement il accélère pour avoir un tracteur, puis deux, puis une usine de forage. Il creuse toujours plus profondément la terre et, richissime, il rejoint l'obscurité totale. Soudainement, au clic suivant, il perd des *tokens*. Sans raison apparente, la même action renverse le compte du joueur et le cours du jeu. Il ne contrôle plus les conséquences de ses clics erratiques. Il perd brutalement plus qu'il n'accumulait lentement. C'est le « mode chaos » ; celui qui émerge lorsque les joueurs consomment plus que ce que la terre peut régénérer. Et l'auteur du jeu, Sarah Friend, de commenter : « Quand la richesse est créée, elle est aussi détruite. » Son jeu minimaliste et son *gameplay* rhétorique où la répétition effrénée du clic suffit à accumuler et à détruire symbolisent la limite physique du jeu total. En particulier, la métaphore et la mécanique de *ClickMine* décrivent ironiquement la condition d'une forme récente du jeu total, le cryptocapitalisme, qui fait croître des monnaies virtuelles sans usage, « minées » par des « fermes » de serveurs informatiques surchargés en électricité et métaux rares. Dans le jeu de Friend, chaque technologie est nommée d'après sa contrepartie physique dans le monde réel, le matériau qui la constitue. Rapidement, le joueur comprend que le jeu n'est pas virtuel ; à force de clics, il gâche des ressources naturelles qu'il ne pourra pas renouveler. Il creuse sa propre tombe.

### *Les premiers sont les derniers :* game over

C'est aussi le monde réel que le dérèglement climatique – provoqué par l'extraction et l'accumulation frénétiques – pourrait rendre inhabitable en un siècle seulement. Déjà malmenés entre les sécheresses, les incendies et les inondations, des hommes subissent le mode de jeu initié au siècle passé, quand Keynes se prenait à rêver pour nous, ses petits-enfants. Mais au lieu du bonheur quotidien conquis partout, nous redécouvrons le spectre des famines, des maladies et des guerres. Et pour beaucoup d'hommes, le retour du « problème économique » de la subsistance referme la possibilité d'un véritable jeu, libre et joyeux. Victime aussi de notre jeu aveugle, de notre activité vorace qui cultive 40 % des terres habitables du globe et abat des centaines d'arbres par seconde, la moitié de la biodiversité s'est effondrée en cinquante ans. Les exploitations minières, la déforestation, l'agriculture intensive et les grands barrages façonnent le monde en fonction de nos besoins humains et détruisent les habitats des autres espèces. Notre surexploitation des ressources naturelles a déclenché une nouvelle extinction de masse du vivant. Le jeu total détruit la biodiversité, celle qui n'aura jamais vraiment joué mais qui nous condamne à perdre avec elle.

En réalité, ce n'est pas l'homme en tant que tel qui bouleverse l'équilibre naturel mais son dernier mode d'activité, son dernier jeu de Société. Rien ne détermine l'homme à détruire son monde ; tous les hommes d'ailleurs n'ont pas sur lui le même impact. Souvent leur empreinte sur la planète commence quand ils entrent dans le jeu capitaliste ; presque toujours, elle grandit avec leurs gains dans le jeu, leur pouvoir sur le jeu. Une étude du Laboratoire sur les inégalités mondiales montre que les 1 % les plus fortunés émettent plus de $CO_2$ que les 50 % les plus modestes[1]. Leur mode de jeu « créatif », le mode de vie luxueux et ses besoins très relatifs polluent et pénalisent les autres, restés comme dans *Minecraft* dans le mode « survie », dans lequel ils doivent gérer leur faim. Se mêle ainsi à la critique sociale du jeu capitaliste de Magie une critique environnementale. Nous ne sommes pas égaux devant les conséquences du dérèglement climatique ; pire, nous n'en sommes pas équitablement responsables.

Celui qui gagnera le jeu total perdra le monde, *tout* le monde, lui compris. L'accumulation obstinée du capital n'est plus seulement injuste, elle

1. Rapport du Laboratoire sur les inégalités mondiales, chapitre « L'inégalité mondiale du carbone », Paris School of Economics, 7 décembre 2021.

est *invivable* : c'est une culture qui tue la nature. Si bien que pour définir notre âge géologique, on préfère parfois parler de Capitalocène plutôt que d'Anthropocène ; d'autres encore évoquent la Cyborgcène pour montrer l'impact des machines dans notre pouvoir de transformation du monde. Car ce sont bien des comportements induits par le jeu capitaliste qui abîment notre monde et non un penchant naturellement destructeur de l'homme. Libéré du mode « survie », il a surjoué le mode « créatif » en oubliant son interdépendance avec le monde vivant ; il doit désormais essayer de vivre avec le mode « chaos ». Si cet enchaînement de modes n'était pas écrit, l'extinction du vivant annonce bien un jeu sans joueurs ni monde, l'ultime fin du jeu. *Game over*.

## Le paradoxe de la ludification : un monde sans jeu ?

Et si ce jeu était déjà révolu ? Et si nous vivions plutôt dans *un monde sans jeu* ? Comme si le capitalisme s'était *perdu* en chemin, pris à son propre jeu. Un jeu qui se serait arrêté avant la fin intrinsèque de son succès économique, avant aussi que son mépris pour les joueurs ne cause sa fin sociale, avant enfin que ses dommages irréversibles sur le monde n'entraînent sa fin environnementale. L'histoire de son développement, d'un véritable jeu économique circonscrit à la place du marché et à des joueurs volontaires à un unique but totalisant, dit comment le capitalisme a renié un à un les principes fondamentaux du « jeu », ceux qui font que l'on joue vraiment. En annulant tout dans sa course, il aurait aussi détruit le « jeu » lui-même. En dépassant sa définition, le jeu total est devenu un *anti-jeu*.

En abolissant les frontières du jeu d'abord, absorbant toutes les sphères de la société, le capitalisme a renoncé aux limites constitutives du jeu, à un espace clairement défini. Il inhibe alors la possibilité d'un « hors jeu » et la coexistence d'autres jeux.

Comme méta-jeu ensuite, il contraint justement les autres jeux de Société, les joueurs humains et les « jouets naturels » à suivre son but, souvent malgré eux. Souvent défenseur de la libre entreprise et du libre-échange, le capitalisme marchand déforme pourtant le *principe absolu de la liberté du joueur* à qui il laisse le choix des règles mais jamais du but ni donc du jeu. Aussi, avec un fort coût de sortie du jeu, souvent le prix fort d'en revenir à la bataille pour la subsistance, il ne laisse pas vraiment d'autres choix que de continuer à jouer.

Un jeu se caractérise par une motivation intrinsèque, *le plaisir de jouer*. En ne se justifiant qu'avec la récompense extrinsèque du profit, le jeu total renie le principe du plaisir et de la joie de jouer ; seule l'efficacité du joueur peut le faire gagner et seul ce gain peut l'enjouer.

*Les résultats d'un jeu doivent être incertains.* Magie a montré combien la logique d'appropriation des terres entraînait une injustice sociale forte et un résultat rapidement prévisible. La compétition dans le jeu n'est pas équitable, les gagnants des premiers dés ne peuvent plus perdre, comme les premiers perdants ne peuvent plus gagner. Un déterminisme que l'intelligence artificielle, aux mains des gagnants, ne fait qu'accentuer.

Surtout, de la vie, le jeu ne peut organiser que les *dimensions sociale et spirituelle*, jamais biologique. En mettant parfois la survie de ses joueurs et de leur environnement en jeu, le jeu s'est corrompu ; il a traversé la ligne rouge qui le séparait du nécessaire.

Finalement, du « jeu », le capitalisme ne respecte que la *dimension fictive de son but* : l'accumulation illimitée de capital est une invention humaine, une fiction, pas un impératif absolu. Seulement, en le posant comme naturel et en se faisant passer pour la seule réalité, il nie l'espace des alternatives et abolit encore la dernière frontière du jeu. Du « jeu », il n'aura donc pas même le nom.

Face à ce « jeu » qui ne respecte aucune règle, l'homme voit enfin l'anti-jeu qui inhibait tous les autres. Une activité sociale contrainte au résultat certain sur le monde, motivée seulement par le gain individuel, exercée sans limites et gouvernée par un but et des règles imaginaires mais présentées comme naturelles.

En fait, *l'homme ne joue plus*. Il vit dans un *monde ludifié* qui n'a que le goût du jeu. Jusque dans les mondes fermés des jeux vidéo qui permettent seulement à leurs joueurs d'exécuter le code, le jeu s'est effacé. Le jeu est à l'état gazeux, dans les récompenses et les blâmes à l'école et dans l'entreprise, avec ses *bullshits jobs* aux titres emphatiques qui ne produisent plus rien, pas même de réponses à des besoins hyper-relatifs. L'arrivée dans les entreprises de « responsables du bonheur » chargés de motiver les troupes n'a pas empêché la *grande démission* de millions de joueurs qui ont assumé le coût de sortie du jeu. Pour retrouver le monde dont ils s'étaient séparés, ils ont préféré arrêter de jouer. Ou peut-être ont-ils vu que la porte de sortie du jeu total était la porte d'entrée d'un autre jeu.

Pour déjouer le cours sombre de la partie, l'homme peut *recréer « du jeu » entre le monde et lui*, un espace possible pour organiser autrement sa vie en société. À condition qu'il voie d'abord clairement les limites de sa dernière activité, de son dernier mode de jeu, à condition qu'il en assume enfin la fin.

3

# Un autre jeu est possible

> « Parcourant la blanche immensité d'un hiver éternel et glacé d'un bout à l'autre de la planète roule un train qui jamais ne s'arrête. C'est le Transperceneige aux mille et un wagons. »
>
> Jacques LOB et Jean-Marc ROCHETTE, *Le Transperceneige*, Casterman, 1984

En 1982, Jacques Lob et Jean-Marc Rochette créent *Le Transperceneige*, une bande dessinée post-apocalyptique. En noir et blanc, ils projettent une Terre glacée ; après une explosion atomique, tout s'est éteint, tout s'est arrêté, sauf ce train où survivent les derniers humains. En fonctionnement permanent, le moteur réchauffe les voyageurs, répartis selon un ordre social strict, des cages insalubres du dernier wagon aux chambres luxueuses du premier. À la tête du train, invisibles des autres, le moteur et son créateur sont élevés au rang de miracle et de sauveur. S'ils s'interrompent, tout s'arrête.

La vitesse du train brouille la vision des passagers sur le monde, elle donne l'illusion de progresser sans cesse, tout droit, toujours plus loin, alors qu'il tourne inlassablement en rond, autour du monde.

Dans son adaptation au cinéma en 2014 par Bong Joon-ho, l'œuvre – qui symbolise encore la déroute capitaliste – a changé de contexte. L'ère glaciaire est cette fois provoquée par une entreprise humaine de géo-ingénierie qui a voulu renverser le changement climatique. Censé refroidir le climat, le gaz CW-7 est projeté dans l'atmosphère. « Trop efficace », il gèle toute la surface de la Terre. L'esprit techno-solutionniste qui n'avait vu là qu'un nouveau bogue à résoudre condamne une seconde fois la Terre par la même hybris. Dans les deux œuvres, la même course aveugle du train est présentée à ses passagers comme une chance, la seule possibilité de vie. Elle n'a pas d'alternative ni même de « dehors » puisque tout est mort autour ; elle doit seulement continuer. En queue du train de la bande dessinée, les passagers prient « saint Loco, source de toute vie [...] de rouler pour [eux] pour toujours[1] ». Dans un wagon du film, une enseignante fait chanter aux enfants : « Si l'on sort du train ? Nous allons tous geler et mourir. Si le moteur s'arrêtait de tourner ? Nous mourrions tous[2]. » Le jeu n'a pas d'échappatoire.

1. Jacques Lob et Jean Marc Rochette, *Le Transperceneige*, Casterman, 1984.

2. Canavan, Gerry, « "If the engine ever stops, we'd all die" : *Snowpiercer* and necrofuturism », *English Faculty Research and Publications*, n° 298, 2014, p. 17.

Dans ce monde clos et déterminé pourtant, un homme porté par l'épuisement et l'injustice sociale va refuser les règles établies et affronter l'ingénieur à la tête du train. Dans le film, il refusera de le remplacer, de diriger le même jeu, la même course folle, même avec d'autres règles. Il choisit une alternative radicale : couper le moteur et faire dérailler le train, changer le but du jeu quitte à risquer de tout perdre. Dans la manœuvre, le train percute violemment la terre et s'arrête. Deux passagers seulement survivent et découvrent au-dehors un monde froid mais habitable ; au loin, un ours blanc révèle la possibilité de la vie en même temps qu'un nouveau combat pour leur propre survie.

*Le Transperceneige* raconte le défi de rompre avec l'illusion capitaliste, de fissurer le « réalisme capitaliste » qui impose de continuer la course, la seule voie possible. Dans un monde cassé, le train au moins avançait, le moteur tournait : le système fonctionnait. Cette image illustre la proposition de Fredric Jameson pour qui « il est plus difficile d'imaginer la fin du capitalisme que la fin du monde ». En montrant son efficacité mécanique d'un côté et en tâchant de se substituer au monde de l'autre, l'anti-jeu capitaliste n'a pas seulement vaincu ses alternatives, il a inhibé la capacité de l'homme à les penser. *C'est le monde et non son jeu qu'il a rendu modifiable*. Le monde, ce « décor » qu'il a déjà transformé pour s'adapter à son but, sous un plateau qu'il voudrait encore étendre. Dans sa course, comme pour montrer sa supériorité « naturelle », le train véhicule même les images du monde qui s'essouffle ; il se joue du monde qu'il brûle. Pourtant, c'est bien le but capitaliste qui est imaginaire donc modifiable, c'est bien sa prétention à remplacer le réel qui est illusoire. En réalité, derrière ses vitres embuées, il n'a pas empêché la possibilité d'autres jeux, il a seulement endormi les joueurs et leur a fait oublier leur premier rôle de *concepteur*, de créateur de jeux. *L'homme peut changer de jeux, pas de monde.*

L'aventure du train dit la première étape nécessaire à la construction de ces autres jeux possibles : *transpercer* l'illusion de la nécessité du jeu total. Anticiper et précipiter sa fin pour recréer du jeu et donner de l'espace à des alternatives. Voir que ce n'était qu'un jeu, aussi sérieux fût-il. Comprendre qu'il peut s'arrêter, sans empêcher le monde de tourner. En plein milieu de leur partie de *Monopoly*, les dieux égyptiens d'Enki Bilal décident aussi d'en finir avec ce jeu : « Moi j'arrête ! », s'exclame l'un d'eux, et son voisin poursuit : « Moi aussi ! Définitivement ! Car en acceptant des humains ce jeu stupide, nous commençons à altérer notre position d'intransigeance. » Un autre confirme : « Ce jeu crée des besoins typiquement humains, indignes de notre communauté. » Bast conclut : « Nous renions notre condition en nous abaissant à un comportement humain. » Après s'être ainsi concerté avec ses pairs sur le jeu, Anubis décide de le détruire : « Brûlez ce jeu ! » Ils s'étaient fourvoyés dans cette activité « trop humaine », trop facile et dangereusement addictive, ils peuvent maintenant s'adonner à d'autres occupations, à d'autres jeux, à leur niveau cette fois.

Le but et les règles du *Monopoly* comme du jeu total étaient bien humaines, pas naturelles. L'homme peut donc les changer. En prenant conscience de son rôle et de sa responsabilité de *créateur du jeu*, l'homme voit enfin derrière la vitre ralentie, dégivrée, un nouvel espace à organiser. Après avoir seulement joué le jeu, l'homme s'en découvre enfin concepteur ; il doit maintenant penser et bâtir un nouveau jeu de Société compatible avec son monde.

## La leçon de Magie : changer de jeu, pas de monde

Dans cette épreuve créative, la conception d'alternatives, l'œuvre d'Elizabeth Magie nous éclaire encore. Dès sa première édition, le « Jeu du propriétaire foncier » proposait deux configurations pour le même plateau, deux jeux pour le même monde. Le mode d'emploi du jeu déroulait ainsi, après l'explication de la configuration « Propriétaire » déjà évoquée – celle qui annonçait le *Monopoly* –, une autre configuration, « Prospérité », qui proposait d'autres règles et surtout un autre but aux joueurs, sur le même plateau. Il ne s'agissait pas d'un « anti-*Monopoly* » qui inverserait seulement chaque proposition du premier jeu et qui référerait ainsi au même système, mais bien d'une alternative qui adopte certaines des règles passées et en invente de nouvelles.

Fidèle à sa lecture de Henry George et à sa lutte contre les rentes « naturelles », la configuration « Prospérité » marque une première différence fondamentale : le revenu issu de la terre et non du travail devait être partagé entre tous grâce à un impôt unique sur la valeur de la terre. Ainsi, lorsqu'un joueur perçoit un loyer, tous les autres y gagnent. Les loyers sont payés à une entité centrale qui redistribue ensuite et assure la gratuité des études comme le premier capital de départ dans le jeu, prémisse d'un revenu universel. Dans ce jeu, les services publics ne sont pas à vendre. Dans cette seconde configuration, « l'intrusion » sur les terres d'un autre n'a plus lieu d'être ; ainsi, « la prison n'est plus utilisée ». Les règles anti-monopolistiques – qui imposent de vendre les franchises au prix dicté – doivent en revanche être strictement appliquées au risque de lourdes sanctions financières auxquelles l'auteur ne pourra se dérober : « Il n'y a pas d'alternative », écrit Magie. Ironie de l'histoire, à l'autre bout du siècle, la formule sera empruntée par la très libérale et conservatrice Margaret Thatcher dans un exercice opposé : anéantir la possibilité d'une alternative à la société de marché.

L'aménagement des règles du mode « Prospérité » s'opère surtout dans un nouveau cadre. Si ni le plateau ni les joueurs ne changent, le but du jeu est quant a lui modifié. Dans cette configuration, le but n'est pas la richesse individuelle, mais la prospérité collective. Ce nouveau but est atteint lorsque le joueur qui a le moins d'argent a doublé son capital de départ : le jeu est à somme positive. Magie montre ainsi la possibilité d'un jeu alternatif : c'est un autre jeu économique qui vise un autre objectif de société. Dans les règles de 1932, elle résume le dilemme du joueur et conseille son choix de configuration du jeu selon sa motivation principale, selon son désir profond : « Vous voulez être riche ? Jouez au "Jeu du propriétaire foncier" et apprenez comment le devenir. Vous voulez la prospérité ? Jouez au "Jeu de la prospérité" et vous la trouverez[1]. »

Quelques années plus tard, l'éditeur Parker Brothers a fait son choix ; il supprime la configuration « Prospérité » du jeu de société ; le *Monopoly* est né ! Magie conclut quant à elle la note en livrant sa propre lecture de l'époque comme un jeu monopoliste qui fait perdre la société et qui doit laisser place au but de la prospérité. « Le "Jeu du propriétaire foncier" montre pourquoi la gouvernance de notre économie nationale a mal tourné et le "Jeu de la prospérité" montre comment bien démarrer et continuer à bien faire[2]. »

Lié par le même monde et les mêmes joueurs, Elizabeth Magie n'avait pas conçu ces deux configurations comme des jeux séparés. Comme le sens

1. Manuel des règles de *The Landlord's Game and Prosperity* by Adgame Company, 1932, p. 8.

2. *Ibid.*

de l'histoire qu'elle espérait, les joueurs pouvaient commencer par « Propriétaire » et continuer avec « Prospérité ». Quand la première configuration devenait *injouable* pour certains, son alternative venait à leur secours et apaiser la table ; un autre jeu pouvait continuer. Le choix de ce changement de jeu ne dépendait d'aucune règle extérieure, d'aucun maître du jeu ; il intervenait quand assez de joueurs le réclamaient : « Lorsqu'un joueur voit ses ressources diminuer dangereusement, il ne doit pas perdre de temps pour établir des règles de "Prospérité"[1]. »

Les joueurs ensemble ont le pouvoir d'infléchir le jeu, de le modifier. Anticipant la fin du jeu ou leur fin dans le jeu, ils s'allient pour en changer. En se projetant dans quelques coups de dés, ils prévoient le sort fatal qu'ils choisissent d'empêcher ; ils arrêtent la fin avant qu'elle n'arrive : rien n'est perdu d'avance. En changeant le but et les règles du jeu, ils génèrent entre eux aussi de nouveaux comportements ; dans la configuration « Prospérité », la coopération prend le pas sur la compétition. Apparaît aux joueurs la possibilité d'un jeu qui corrige les défauts de conception du premier et au-delà, un jeu qui projette un autre choix de société. Un jeu à somme positive et sans fin : après avoir accédé à la prospérité, les joueurs peuvent choisir de « continuer à jouer pour le plaisir[2] »,

1. Manuel des règles de *The Landlord's Game and Prosperity*, ouvr. cité, p. 3.

2. *Ibid.*, p. 8.

renouant ainsi avec le principe fondamental de la motivation intrinsèque du jeu.

Plus qu'une critique sociale, les configurations du jeu d'Elizabeth Magie offraient à la fois une grille d'analyse du système foncier de l'époque et un espace de projection d'alternatives fécondes pour l'avenir. Comme fiction interactive, le jeu permet de tester la proposition, de la mettre à l'épreuve des comportements humains. Ici, le système « Prospérité » se joue sur le même plateau, avec les mêmes joueurs ; la partie dure même plus longtemps. Véritable expérience collective, réellement pratiquée le temps du jeu, l'alternative devient crédible pour tous les joueurs qui, pour la première fois, gagnent ensemble. Pour ne pas suivre l'exemple funeste du jeu « Propriétaire », le mode « Prospérité » ne peut s'envisager comme l'unique jeu de tout pour toujours, comme la seule alternative. Par sa seule existence, ce deuxième jeu ouvre au contraire la possibilité de tous les autres.

## Le but d'*Éleusis* : trouver les règles

Un siècle plus tard, l'homme est au défi d'inventer après Magie un nouveau jeu de Société qui intègre et respecte cette fois, par-delà la justice sociale, l'équilibre écologique. Polanyi avait observé comment l'économie de marché s'était émancipée au point de devenir la société de marché. Après avoir absorbé les autres jeux économiques, il encastrait les jeux de Société dans son système, inféodés à son but, et plus loin, en inventant les « marchandises fictives », le jeu total dominait désormais par-delà la société humaine, le monde vivant. C'était la Grande Transformation.

Conscient désormais que le plateau est vivant, que la nature n'est pas une marchandise illimitée ni un jouet immuable, l'homme qui se sait concepteur du jeu doit le transformer pour le rendre compatible avec le monde qu'il habite. Inspiré par la nature, il doit opérer une Grande Métamorphose pour intégrer harmonieusement ses jeux de Société *dans* le monde vivant. En comprenant et en déclinant ses principes pour ses jeux, l'homme peut les concevoir en symbiose avec le vivant, pour y contribuer autant qu'il en profite. Il composera alors des jeux économiques intégrés dans les jeux de Société, eux-mêmes intégrés dans le monde vivant, l'ultime maître des jeux[1].

En se rapprochant du vivant, en s'y reconnectant, l'homme pourra y élaborer respectueusement ces nouveaux jeux de Société. Le but de ses jeux devra contribuer à celui du vivant et de ses conditions mêmes d'existence. Leurs règles devront reconnaître et s'adapter aux limites planétaires, s'y intégrer pleinement et inciter aux interactions vertueuses avec un écosystème interdépendant. Ces nouveaux jeux de Société, comprenant les jeux

1. Voir figure 1, p. 39.

économiques, trouveront ainsi leur place vertueuse dans et pour le monde vivant.

### *La nature comme maîtresse du jeu*

Pour concevoir ces jeux en cohérence avec le monde vivant, l'homme doit trouver et comprendre les principes qui régissent son monde pour les adopter et les décliner sur ses plateaux. Or, il existe un jeu qui pourrait donner la méthode de conception de ces nouveaux jeux de Société. *Éleusis* est un jeu de cartes dont le but est de trouver les règles du jeu. Un joueur, le « maître du jeu », définit une règle secrète, la « règle du monde » qui détaille la séquence de cartes qui sera gagnante ; par exemple, une suite continue de cœurs et de têtes. Les autres joueurs, les « chercheurs » tentent de trouver la règle en formulant des hypothèses et en proposant tour à tour leur choix de cartes comme autant de « et si ? ». À mesure que le jeu avance et que le maître valide certaines séquences, des joueurs s'approchent du but et devinent bientôt la règle.

Comme pour nos nouveaux jeux de Société, respectueux de la règle du monde vivant, la règle d'*Éleusis* est à *trouver*, pas à créer ; on ne l'imagine ni ne l'impose seul hors du monde, on la cherche avec et dans le monde pour la *découvrir*. *La règle du jeu est à découvrir dans le monde*. La recherche est itérative, elle progresse par essais, par tentatives : si une séquence de cartes proposée est partiellement valable, elle est totalement refusée mais les propositions de chaque joueur éclairent ses voisins. Ils se passent le relais et progressent ensemble à chaque tour. Tous les joueurs ont un pouvoir égal de recherche, la règle n'en favorise directement aucun, elle ne dépend que des cartes, pas des joueurs. *Éleusis* est un méta-jeu positif ; y jouer permet de créer ou plutôt de trouver des règles, de concevoir des jeux. Dans *Éleusis*, les joueurs sont aussi concepteurs ou plutôt chercheurs de la règle. À chaque fois qu'elle est trouvée, une nouvelle partie démarre avec une autre règle secrète.

Nos nouveaux jeux de Société ne sont pas différents. Ils déploient différentes parties d'*Éleusis* en même temps, en différents lieux. Le « maître du jeu » est le monde naturel qui définit sans cesse depuis son origine des « règles du monde », des lois naturelles, pour perdurer et jouer ensemble. Les « chercheurs » sont les hommes et les autres espèces aussi qui doivent s'allier pour trouver la bonne règle de vie au bon moment au bon endroit, avant qu'une nouvelle n'émerge déjà. Pour concevoir ses nouveaux jeux de Société, l'homme s'engage partout dans un grand *Éleusis* aux innombrables parties ; il doit se rapprocher du vivant, s'y connecter et s'y allier pour spéculer avec lui sur des règles possibles. Dans cet exercice de créativité, inspiré par le monde, il applique son imagination en formulant des hypothèses, en testant des règles. Le « maître du jeu » les accepte ou les rejette pour un nouveau tour.

Si *Éleusis* semble filer la métaphore de la recherche scientifique comme « tissu d'erreurs » selon le mot de Bachelard, tissu qui ne progresse que par succession d'hypothèses, le succès du développement de ce jeu dans le monde dépend d'abord de sa part artistique. Goethe suggérait que « le beau [était] une manifestation des lois secrètes de la nature, qui, sans cette révélation, seraient restées éternellement cachées ». La quête de la règle naturelle serait d'abord *esthétique* ; il faut que l'homme soit *sensible* à son environnement, qu'il en saisisse la beauté voire le *sublime* pour en percer les mystères. C'est en s'immergeant comme être vivant et interdépendant dans le monde, les yeux grands ouverts, que l'homme peut le *ressentir* et s'en imprégner pour mieux s'en inspirer et créer son œuvre, son nouveau jeu. Après avoir trouvé l'*art de vivre* avec le vivant, il pourra renouer pleinement avec son *art de jouer*. Pour accéder au monde et échanger avec le vivant, l'homme s'ouvre à lui ; ils *œuvrent* bientôt ensemble à réaliser l'autre jeu…

### *La Grande Métamorphose : concevoir les jeux dans le monde*

Vert, jaune, bleu, rouge et toutes les autres couleurs qu'il ne voyait plus autour de lui… Ce ne sont plus des cases mais des touches qui se mélangent partout et se distinguent parfois, sur les ailes d'un oiseau, dans l'écume des vagues, sous la respiration de la terre. Des touches qui jouent avec le vent des accords parfois sombres, souvent lumineux, toujours différents. Et dans ce monde où tout se tisse ensemble, la goutte d'eau qui voyage de la mer à la terre en nuage a fait pousser la feuille de l'arbre que vous lisez ici et qui nous relie aussi.

L'homme ne contemple plus la mer de nuages du dessus, il atterrit *dans* la forêt qu'il réduit, là où son désert grandit. Sous son plateau gris, il est pris dans un autre tour de circuit, le cycle de la vie. Aux pieds des arbres dont il ne voit pas la cime, entre les chants qu'il ne repère pas, dans les dégâts du climat qu'il ne contrôle pas, il est frappé par une « beauté inquiétante », l'harmonie d'un monde qui se dérègle et qu'il ne *comprend* pas. Il entend que tout vit et joue ensemble sans partition ni chef d'orchestre, sans lui. Sous les nuages, il est en proie au *sublime*, au vertige terrestre d'une réalité exaltante, plus grande et plus forte que lui. Sous le plateau imaginaire, la terre. Un seul monde vivant, fini, qui le dépasse pourtant. Une terre sans frontières, commune au vivant et aux choses qu'il a créées. Un écosystème interdépendant où se conjuguent entre tout, toutes et tous des chaînes de coopération toujours nouvelles pour que la vie qui les dépasse continue. Une chaîne dont il n'est qu'une partie, vivante grâce aux autres, fragile comme les autres. Immergé dans le monde sauvage qu'il a cru artificialiser, dépassé par les conséquences réelles de ses jeux imaginaires, il voit qu'il n'y était ni maître ni possesseur, mais joueur parmi les joueurs. Pour exister encore, il comprend qu'il devra désormais concevoir ses jeux et y jouer *avec* tout le vivant.

L'homme a séparé ses jeux du monde, la culture de la nature. Son jeu économique total a dominé et absorbé sous son but ses autres jeux de Société. Il a fait de la nature un jouet. Perdu ! c'était la maitresse du jeu. Dans un grand renversement, une nécessaire métamorphose, c'est désormais *dans* le monde vivant qu'il doit intégrer ses nouveaux jeux de Société, les rendre compatibles avec son but et ses règles. Par ce mouvement paradoxal qui libère l'homme en le reliant à la Terre, il accède enfin à une forme d'*infini* ; dans un monde plus grand que son plateau, avec des partenaires plus variés que ses miroirs, il trouve le plaisir de jouer à ce qui le *dépasse* vraiment.

Dans ce monde commun, il dessine désormais avec le vivant des jeux ouverts qui abattent les frontières imaginaires entre les hommes et entre les espèces. Il apprend, cherche et négocie avec elles les règles qui maintiendront le jeu dans les limites inhérentes au monde qu'ils partagent. Tout, toutes et tous deviennent concepteurs.

Dans ce monde interdépendant, ils déclinent ensemble dans leurs nouveaux jeux, une autre loi de la jungle, celle de la coopération. En s'alliant avec le vivant, en variant les combinaisons de leurs équipes, l'homme dépasse enfin ses propres limites. Pluriel, hybride, il multiplie ses possibilités en se couplant à l'altérité du vivant au lieu de se fondre dans le miroir de sa machine. Tout, toutes et tous deviennent joueurs.

Dans ce monde vivant, ils visent ensemble un même but ; que le monde et la vie continuent. En appliquant ce but naturel à ses mondes artificiels, à ses jeux de Société, l'homme préfère désormais que tout joue ensemble plutôt que de gagner seul. Et de s'y perdre. Plutôt que de finir le jeu, il veut pouvoir toujours jouer dans le monde. Et que le jeu continue.

Et si nous nous remettions à jouer ?

Et si nos jeux de Société s'inspiraient du vivant pour évoluer avec lui ?

Et si le but de nos jeux était de continuer à jouer et non plus de gagner ?

Et si la règle de nos jeux était commune et plurielle et leur gouvernance partagée, décentralisée et locale ? Et si le jeu était universel, radicalement coopératif en associant toutes les espèces entre elles ?

SECONDE PARTIE

# Les jeux vivants

« La grandeur de l'art véritable, au contraire, de celui que M. de Norpois eût appelé un jeu de dilettante, c'était de retrouver, de ressaisir, de nous faire connaître cette réalité loin de laquelle nous vivons, de laquelle nous nous écartons de plus en plus au fur et à mesure que prend plus d'épaisseur et d'imperméabilité la connaissancc conventionnelle que nous lui substituons, cette réalité que nous risquerions fort de mourir sans avoir connue, et qui est tout simplement notre vie. La vraie vie, la vie enfin découverte et éclaircie [...] »

Marcel PROUST,
*À la recherche du temps perdu*,
*Le Temps retrouvé*, Gallimard, 1927

*C'est le jeu qui permet tous les autres.*

*Le but du jeu est que le jeu continue. Pour continuer à jouer, il faut trouver des règles sans cesse renouvelées. Tout le monde peut jouer. Et les joueurs qui changent souvent, changent aussi d'équipe sans jamais appartenir à aucune. Parfois, ils peuvent voler, voir la nuit ou pleuvoir. D'autres fois, compter jusqu'à l'infini, rire et danser. Toujours, ils aiment jouer. Et les équipes jouent toujours ensemble. Car à ce jeu, tout le monde gagne ou tout le monde perd.*

1

# Le but infini

Je suis une vache marron dans un champ vert. Je m'approche d'un grand pommier pour me reposer à son ombre et le remercie en chantant. Au réveil, je suis la petite plante qui poussait à son pied. J'avance lentement grâce au vent jusqu'à la pierre grise et solitaire qui m'arrête pour parler ; en trois tours de soleil, elle me confie tout ce qu'elle a vu et conclut : « Tu es moi, mais je suis toi. » Émue, je choisis de danser, de rouler avec elle, d'être pierre à mon tour quand soudain, prise de vitesse depuis la colline, je tombe dans l'eau. Un banc de poissons débarque, attiré par mes bulles ; ils m'observent et ça y est je m'observe ; en fait, je suis un poisson qui observe la pierre que j'étais. Puis je deviens la goutte d'eau qui courait sur ma nageoire, enfin l'atome qui se balade dans tout ça. À quelques coups seulement d'être un univers, en passant par un autre minéral, un autre animal, un autre végétal et la Terre que je vois maintenant si seule et si petite. Et comme la plante faisait danser la pierre, l'univers fait tourner la Terre. En le parcourant, en rencontrant tous ses éléments, je les deviens, un à un et tous ensemble. Chaque chemin est unique et dessine des parties infinies. Je joue sans cesse à être tout et c'est bien le but du jeu.

Créé par David O'Reilly en 2017, *Everything* est un jeu vidéo vivant. Il simule un univers dont tous les éléments sont jouables ; au gré de rencontres imprévisibles, le joueur traverse chaque chose sur son passage et peut choisir de devenir cette chose. Dans ce jeu, au lieu de *tout avoir*, le joueur peut *être tout*. En parcourant les identités, il découvre que tout est lié, que tout est dans tout ; une étoile l'interpelle : « Chaque être vivant est la manifestation de tout ce qui existe. » Dotée d'une égale dignité, chaque chose se déplace de la même façon, en roulant sur soi, de la « tête » aux « pieds ». À chaque passage de corps en corps, le joueur change de point de vue ; qu'il soit insecte ou planète, il est toujours au milieu du monde qu'il regarde. Il oublie bientôt qu'il est homme derrière l'écran, mais il se rappelle qu'il n'est aussi qu'un maillon de la chaîne, une perspective du grand ensemble. D'ailleurs le jeu peut se passer de lui ; si le joueur humain est inactif, le jeu continue et les choses poursuivent leurs rencontres et disent des histoires toujours nouvelles, toujours uniques. Le vent souffle et une chose demande « Est-ce que tu respires ? Ou est-ce que ça te respire ? »

Dans ce jeu, les « niveaux » ne sont pas hiérarchiques, ce sont des échelles de perception : comme fourmi, on voit l'herbe géante qui voit l'arbre infini ; on contemple ainsi l'infini depuis le monde microscopique, lui-même infini depuis la loupe universelle. Devant cette continuité radicale d'être en être, on voit avec O'Reilly que « les choses sont la manière dont nous séparons la réalité pour pouvoir la comprendre et en parler entre nous[1] ».

Dans son aventure continue, le joueur se lie à chaque chose en s'en approchant ou en chantant vers elle. Par ce langage commun, ils échangent leurs pensées. Le joueur collecte ces expériences et points de vue ; il grandit avec leurs savoirs cumulés. C'est le seul but du jeu : compléter l'encyclopédie des choses en les connectant toutes, découvrir chaque perspective pour voir le *monde entier*. À tout moment, le joueur peut consulter son encyclopédie et choisir d'être une autre chose qu'il a rencontrée. Petit à petit, en intégrant chaque perspective, il les fait toutes jouer ensemble. Radicalement ouvert sur le monde qu'il *est* aussi, il joue à un jeu naturellement *coopératif* qui permet d'allier les choses pour *être tout*. Entre les nuages, la voix du philosophe Alan Watts résonne : « Tu peux te considérer comme n'existant que maintenant, c'est le seul toi qui existe ; l'alternative à cela, logiquement, est de te considérer comme tout[2]. »

---

1. Cité par Julie Muncy, « In the new game Everything, you can be, well, everything », *Wired*, 10 mars 2016.

2. Alan Watts cité dans le clip vidéo de David O'Reilly, *Everything: Gameplay Film*, 2017.

Dans *Everything*, on ne joue jamais seul ; tout est fait pour se rencontrer, partager et avancer ensemble. À chaque rencontre, le joueur multiplie ses possibilités ; il dépasse sans cesse ses limites en se couplant à autre chose. Il chante et rejoint la danse des fleurs, des abeilles, des planètes pour jouer ensemble le grand jazz universel. L'homme qui joue à *Everything* fait une expérience étrange : immergé dans ce monde virtuel, il retrouve le monde réel avec une acuité nouvelle, celle de mille yeux posés partout. Comme un détour nécessaire pour voir *tout le vivant comme une seule équipe*, plurielle et animée, dont il fait partie, dont il est parti… Et l'artiste d'espérer : « Je veux que *Everything* fasse en sorte que les gens se sentent mieux dans leur vie. Pas comme une évasion ou une distraction, ou une frustration arbitraire, mais comme quelque chose que vous quitteriez et qui vous ferait voir le monde sous un jour nouveau[1]. »

## Du monde fini au jeu infini

L'homme s'est trompé d'infini. Pour son jeu total où il fallait *tout avoir* et toujours plus, il avait considéré que son monde et ses ressources étaient infinis ; il pourrait toujours construire

1. Cité par Joel Couture, « Road to the IGF: David O'Reilly's *Everything* », gamedeveloper.com, 25 janvier 2017.

plus de maisons et d'hôtels sur toujours plus de cases. Il avait imaginé un monde hors sol ; il était en fait hors-jeu. À force de planter ses machines comme autant de miroirs autour de lui, il a été pris dans l'illusion de l'infini qui ne répétait en fait que son image en cascade, en toujours plus petit, comme la part sauvage du monde qu'il réduisait aussi. En atterrissant dans le monde vivant, il découvre qu'il jouait à crédit. Chaque année, l'homme consomme pour son jeu plus que son monde ne peut lui donner. À l'été, il a déjà consumé toutes les ressources que la Terre régénère en une année. En 2023, il jouait à crédit depuis le 2 août ; en 2030, il lui faudrait deux Terres pour continuer à jouer. C'est que ses ressources naturelles sont en réalité finies et son terrain de jeu aussi.

Son monde oublié, la planète Terre, borne ses jeux de Société par neuf limites intangibles[1] : le changement climatique, l'érosion de la biodiversité, la perturbation des cycles biogéochimiques de l'azote et du phosphore, les changements d'utilisation des sols, l'acidification des océans, l'utilisation mondiale de l'eau, l'amincissement de la couche d'ozone stratosphérique, la pollution chimique et l'augmentation des aérosols. Ces limites planétaires ne sont pas négociables, elles définissent

1. Les neuf limites planétaires (*planetary boundaries*) sont définies dans un article par une équipe internationale de vingt-six chercheurs menée par Johan Rockeström, du Stockholm Resilience Center, « A safe operating space for humanity », *Nature*, 23 septembre 2009.

notre terrain de jeu maximum : on ne joue pas avec elles, mais en elles. Dépassées, elles mettent en péril la stabilité de la biosphère, la possibilité même du vivant. Aujourd'hui, l'homme et ses jeux en ont outrepassé six. S'il persiste hors-jeu, il sera bientôt hors monde.

Pourtant, dans ce monde fini, les limites planétaires assurent la possibilité d'un véritable infini, une source toujours créatrice : la vie. Entre les limites invisibles du monde, l'élan vital parcourt et anime presque tout tour à tour, du plus petit au plus grand des êtres, dans une course de relais sans couloir entre tous les vivants, une course lumineuse où tout tourne ensemble et à son rythme. Engagé dans différentes boucles, le témoin de la vie passe d'espèce en espèce dans la chaîne alimentaire, de génération en génération dans le bal des saisons. Comme dans le jeu *Everything*, les cycles du monde vivant se ressemblent sans jamais se répéter vraiment avec leurs joueurs toujours différents qui interprètent leur partition ou improvisent le grand jazz toujours autrement. Comme aux échecs ou au go, le petit plateau fini devant soi révèle à chaque fois d'autres voies, des combinaisons de jeu infinies. Fini comme son monde, l'homme voit ainsi circuler l'infini de l'évolution naturelle qui crée toujours un nouveau départ, dérive et s'adapte pour tenir son seul *but infini : que la vie continue*. Il comprend désormais qu'il doit passer d'un jeu fini dans un « monde infini » à un jeu infini dans un monde fini.

Inspiré et motivé par ce monde vivant qui vise seulement la vie, l'homme peut élaborer avec lui de nouveaux jeux dont le seul but est de jouer. Plutôt que de gagner à un jeu qui se finira du même coup – conscient désormais qu'en dehors du plateau, sur Terre, on ne redémarre jamais à zéro –, il conçoit des jeux dont la condition de victoire est qu'ils continuent après lui. Et dans ce monde interdépendant où la victoire ne peut être que *collective*, il faudra continuer à jouer *ensemble*. Dans ce monde fini, il veut « infinir » le jeu, lui permettre de continuer plutôt que de le terminer. C'était là déjà le sens du second jeu d'Elizabeth Magie. Lorsque son premier jeu, celui du « Propriétaire », risquait de s'achever avec la faillite de certains joueurs, ils pouvaient s'allier pour changer sa configuration *in extremis*. Là où le mode « Propriétaire » finissait avec un vainqueur unique, celui de la « Prospérité » « infinit » le tour de table : les joueurs peuvent continuer à jouer. On l'a dit, par-delà même l'objectif de la « Prospérité » atteint, lorsque le plus pauvre des joueurs a doublé son capital de départ, les joueurs peuvent continuer à jouer ensemble « pour le plaisir », sans autre but que le jeu lui-même.

## Le « Jeu du monde » de Fuller

Plus de cinquante ans après le jeu de Magie, un autre jeu infini a pris le relais de la justice sociale et environnementale. Il se joue sur une étrange carte du monde où la *Terre est continue* ; les surfaces émergées du globe se tiennent toutes la main et le continent eurasiatique embrasse l'Amérique sur l'océan Arctique ; c'est la Dymaxion Map de Richard Buckminster Fuller.

En projetant le globe terrestre à la surface d'un polyèdre puis en le dépliant, le designer américain a obtenu vingt triangles reliés qui dessinent ensemble « une seule île dans un seul océan ». Cette projection de la planète, plus fidèle aux dimensions et aux formes de ses territoires, révèle l'unicité de la Terre. Les triangles qui la composent peuvent être assemblés de différentes manières, la carte n'a ni centre ni sens. Là où le plateau plat du *Monopoly* n'avait qu'un sens de circulation, la carte profonde de Fuller ouvre toutes les directions et les chemins possibles. Comme dans l'univers, dit son auteur, elle n'a pas de « haut » ni de « bas », pas de « Nord » ni de « Sud », seulement un « dedans » et un « dehors »[1].

1. Richard Buckminster Fuller, *Intuition* [1972], Impact Publishers Inc., 2e éd., 1983, p. 150.

À marcher sur sa carte, l'homme serait *désorienté*, son « Nord » n'est plus en haut, ni le Sud en bas. En réalité pour Fuller, c'est que cet homme est biaisé, *déformé* culturellement à concevoir la supériorité du Nord sur l'infériorité du Sud. La Dymaxion Map n'est pas orientée par les pôles. Elle peut d'ailleurs être dépliée depuis n'importe quel point pour présenter toutes les perspectives et concentrer par exemple l'œil sur les mers avant les terres. L'homme arpente maintenant un terrain de jeu ouvert, sans frontières ni directions ; un plateau continu aux combinaisons infinies. Une Terre aux multiples facettes qui révèlent sur elle autant de points de vue, de perspectives qui évoluent.

En 1969, des hommes marchent sur la Dymaxion Map. Elle fait la taille d'un terrain de basket et ils débattent en petits groupes, depuis différentes parties de l'île continue. Ils parlent d'énergie, d'alimentation, d'éducation, et cherchent entre eux les voies d'un accès universel et équitable aux ressources planétaires. Ensemble, ils jouent au *World Game*, le « Jeu du monde », une grande simulation inventée par le même Buckminster Fuller. Au milieu du XX$^{e}$ siècle, il l'a d'abord appelé *World Peace Game*, le « Jeu de la paix mondiale », en opposition aux célèbres *war games*, les jeux de guerre inspirés d'une théorie des jeux qui suppose toujours un perdant et la nécessité de l'affrontement entre les hommes. Dans son « Jeu du monde » au contraire, « personne ne perd[1] ». Le but n'est pas de s'approprier les ressources de l'autre, mais de négocier ensemble les conditions d'une bonne vie collective. Comme Magie, Fuller présente une alternative au jeu total de son temps ; « Prosperité » montrait une autre voie que le *Monopoly*, *World Game* renverse le *war game*. La richesse collective plutôt que la propriété individuelle, la paix au lieu de la guerre. Comme Magie, il laisse aux joueurs le choix du jeu qu'il résume en des mots proches : « Nous allons tous devoir soumettre chacune de nos décisions à un effort d'autocritique : "Est-ce que je veux ceci pour le bien de tous ou uniquement pour moi ?" Si c'est la seconde option qui l'emporte on peut d'ores et déjà tirer le rideau[2]. » Dans le jeu de Fuller aussi, la stratégie individualiste conduit à la fin certaine du jeu, un *game over* collectif.

Dans le *World Game*, le but du jeu est que le monde continue, pour tous : « Pour gagner le *World Game*, tout le monde doit vraiment y gagner physiquement[3]. » Comme sa carte, son jeu est continu, le but est infini : il s'agit de « faire fonctionner le monde, pour 100 % de l'humanité,

1. Richard Buckminster Fuller, Gene Youngblood, Medard Gabel, *E3, Energy, Earth and Everyone : une stratégie énergétique globale pour le vaisseau spatial Terre ? World Game 1969-1977*, Éditions B2, Collection Contre-cultures, 2012, p. 35.

2. *Ibid.*, p. 99-100.

3. *Ibid.*, cité en préface par Nikola Jankovic, Richard Buckminster Fuller « How it came about (*World Game*) », 1969.

dans les plus brefs délais, par une coopération spontanée, sans offense écologique ni désavantage pour personne[1] ». Pour chacun des « vrais ennemis » de l'humanité que sont la faim ou l'illettrisme, le « Jeu du monde » met à disposition des joueurs un inventaire de données et statistiques réelles, continuellement mises à jour. Sous le rêve informatique de Fuller, la simulation devait être bientôt fidèle à chaque mouvement du monde et le terrain de basket prendre les dimensions de la Terre. « Le jeu est sans fin : c'est le programme dans son ensemble qui sera sans cesse modifié afin de s'adapter à la richesse croissante de l'humanité que constitueront les réponses apportées par le *World Game* lui-même[2]. »

Son jeu met en commun les connaissances sans cesse renouvelées sur le monde ; en les partageant, il les multiplie. Avec elles, les joueurs devaient tenter de « faire plus avec moins », de mieux vivre ensemble sans gâcher les ressources naturelles. Dans cette copie numérique de la Terre, grâce à ces connaissances cumulées, on pourrait simuler et tester sur la Dymaxion Map différentes réponses pour ne retenir et réaliser que celles qui « fonctionnent ». Progressivement, dans cet *Éleusis* aux dimensions planétaires, les joueurs s'approcheraient pour chaque défi de la bonne règle, déjà

1. Citation originale sur la page « *World Game* » du site internet du Buckminster Fuller Institute, bfi.org.

2. Richard Buckminster Fuller, Gene Youngblood, Medard Gabel, *E3*, ouvr. cité, p. 40.

prêts à rejouer sur la même carte avec un nouveau jeu de données...

En en rapprochant les mots, Fuller fait du « monde » un « jeu » pour que son système et sa gouvernance soient enfin accessibles à tous. Compris dans sa globalité, modifiable par nos interactions. Avec sa carte, le monde de Fuller est bien délimité et fini, mais son jeu – qui n'a pour seul but que de perdurer pour tous – est infini. Sur la *carte continue* du monde, le jeu doit aussi *continuer*. Intégré et compatible avec l'environnement, son jeu est vivant. Pour ne pas réserver la marche du monde à quelques pions puissants seulement, il invitait *tout le monde* à prendre part au jeu. « Comment faire en sorte que le monde marche[1] ? » Cette question, Fuller ne la pose pas aux seuls représentants politiques, mais à tous les hommes, chercheurs permanents des règles du monde. En partageant avec tous sa perspective globale depuis l'espace, il rendait au monde son Jeu. Comme dans la seconde configuration du jeu de Magie, il permettait de *partager entre toutes et tous le pouvoir et le plaisir de jouer*. À l'homme contemporain de concevoir dans le monde ses prochains jeux de Société, sous le but infini que le monde continue pour tous. Voici les premiers éléments de son nouveau manuel.

1. *Ibid.*, p. 7.

## Tous joueurs

*L'éducation continue et le revenu universel*

Pour concevoir ses nouveaux jeux de Société, ses jeux vivants, l'homme commence par établir *l'égalité des chances de jouer*, entre tous. Entre tous les hommes et tout le vivant, entre les machines et les jouets aussi. Comme dans *Everything*, le jeu ne peut continuer qu'en étant parcouru et joué partout, par tout. Pour que tout le monde puisse jouer, l'éducation – qui élève chaque homme de sa seule condition biologique – doit être *universelle*. L'homme doit alors en « *infinir* » le jeu. Au lieu de se former seulement au cours de l'enfance, dans un temps défini qui donne un stock de connaissances datées, l'homme des jeux vivants conçoit une *éducation continue* qui accompagne les transformations de chacun au fil de sa vie, dans un monde qui change aussi. Il cultive et transmet ainsi la ressource infinie de la connaissance, celle qui se multiplie à mesure qu'elle est partagée. L'éducation continue donne à ses joueurs la possibilité de toujours mieux comprendre le monde et de s'y adapter pour pouvoir continuer à jouer. Elle suit le but infini du jeu vivant. Elle permet aussi le plaisir gratuit de l'accumulation immatérielle du savoir, d'apprendre pour apprendre. Aussi, pour garantir à tous la possibilité de ces temps d'apprentissage réguliers et permettre à chacun de jouer dans un monde qui produit assez, l'homme conçoit un *revenu de base universel*. Comme dans le jeu de Magie, il assure une somme de départ équitable et à chaque tour suffisante pour continuer à jouer. En garantissant le minimum vital, le revenu universel permet de faire reculer le temps de vie consacré aux nécessités biologiques, il donne à tous la possibilité de jouer. L'homme n'a plus à seulement gagner sa vie ; il peut pleinement vivre son jeu.

Pour que le jeu continue, l'homme partage ainsi le pouvoir de jouer avec ses contemporains ; il doit aussi le partager avec les prochains joueurs qui recevront le témoin pour la partie suivante. C'est sans doute là le plus grand plaisir que l'homme peut trouver dans son jeu vivant : jouer une partie d'un jeu qu'il améliore et passer le relais d'un jeu plus grand, participer comme être fini à un *jeu infini*. C'est la thèse du philosophe James P. Carse qui présente le jeu infini comme un jeu qui ne cesse d'évoluer pour pouvoir continuer. Pour lui, « la joie du jeu infini, son rire, est d'apprendre à commencer quelque chose que l'on ne peut pas finir[1] ». Bien jouer, c'est permettre aux prochains hommes d'être joueurs à leur tour, d'accéder à la prochaine partie. Le sentiment le plus proche de l'infini naît de savoir que l'on permet la suite de la suite qui nous a été donnée. Gagner, c'est

1. James P. Carse, *Finite and Infinite Games. A Vision of Life as Play and Possibility* [1986], Free Press, 2013, p. 26.

permettre que le jeu continue après ma fin de partie, qu'il survive à ma mort.

*L'économie circulaire et la mesure de santé*

C'est ce but sans fin que symbolise le jeu vidéo *Legacy*[1]. Le joueur incarne un homme préhistorique qui court dans une forêt où il mange des pommes pour survivre. À première vue, le jeu ressemble aux jeux linéaires de plateformes et d'accumulation comme *Mario* où il s'agit pour gagner d'attraper, de manger, de consommer toujours plus de ressources sur son chemin. Seulement, à la fin de la première course, l'homme préhistorique de *Legacy* n'accède pas à un autre monde comme *Mario*, à une deuxième et bientôt une troisième Terre avec toujours plus de richesses à collecter. Le joueur revient au même point de départ, vingt ans plus tard. Dans le même monde, sur la même Terre, il incarne désormais la fille du premier homme qui court sur les traces de son père et se nourrit, entre ses déchets, des pommes qu'il a laissées. S'il en reste assez pour survivre une deuxième fois, le joueur comprend pourtant qu'il doit en préserver encore pour l'enfant de l'enfant à venir. À chaque tour qui dure une vie, le personnage meurt, mais le joueur gagne si son enfant peut prendre le relais ;

1. Jeu vidéo mobile *Legacy: Run for Life* du studio World Game, créé par Alexandre Cadain, Hugo Hernandez et Alexis Moroz.

et ainsi le jeu continue. La victoire ne se compte pas en points ni en pommes, mais en générations. On accumule de l'or dans *Mario*, des vies dans *Legacy*. Comme le « Jeu de la prospérité » proposait une alternative sur le même plateau que le « Jeu du propriétaire », *Legacy* change le but et les règles de *Mario*, dans le même monde de départ. À la conquête linéaire de ressources infinies pour *Mario*, *Legacy* oppose un voyage circulaire au but infini. En cherchant sans cesse l'équilibre entre sa survie et le gâchis, le joueur expérimente avec son personnage la possibilité d'un jeu dont la victoire se mesure par la santé et non la richesse. *Legacy* dessine la possibilité de préférer jouer l'être à l'avoir, la durée à l'instant, la transmission à la consommation.

Dans le monde vivant qui ne cherche qu'à ce que la vie continue, l'homme conçoit maintenant des jeux de Société compatibles avec les limites planétaires, des jeux vivants. Parmi eux, son jeu économique ne peut plus viser l'accumulation infinie et aveugle de ressources finies. Intégré comme ses autres jeux dans les limites de l'écosphère, il est dirigé par le même but naturel : permettre que la vie continue le mieux et le plus longtemps possible. Assurer une vie humaine extraite de la nécessité biologique sans mettre les autres vies en danger. Faire que chacune et toutes ensemble durent au mieux, que la course de relais fasse le plus de tours possible. En suivant le mot de John Ruskin pour qui « il n'y a de richesse que la vie[1] », le nouveau but économique vise l'essentiel, la santé et le bien-être de tout l'écosystème. La qualité d'être avant la quantité d'avoirs, car l'homme voit qu'ils ne sont plus liés. Pour son jeu total, il ne mesurait son succès qu'au taux de croissance de la production ; seulement, il observe maintenant que le PIB croît souvent avec la pauvreté et que la richesse matérielle globale ne parvient plus à masquer la baisse de la longévité et du bonheur aussi. Pour son jeu vivant, il ne mesure son succès qu'à la santé partagée des écosystèmes, au nombre de vies épanouies et non de pommes consommées.

Devant l'épuisement des ressources naturelles qui sont ses propres conditions d'existence, le nouveau jeu économique doit contribuer à leur renouvellement. Pour l'homme qui produit assez pour vivre, l'obstacle à son but infini n'est plus la machine qui exploite la nature, mais la nature elle-même qu'il épuise plus vite qu'elle ne se régénère. Quand ce sont les poissons qui manquent, avoir plus de bateaux n'y change rien. Il ne lui reste qu'à réduire la pêche ou à manger ses machines. Dans *Legacy*, les restes des pommes mangées font lentement pousser de nouveaux pommiers. Les protagonistes tentent de les répartir sur leur chemin pour que chaque génération puisse en vivre. Ils accompagnent et amplifient par endroits le cycle naturel. Le jeu circulaire devient régénératif. Dans

1. John Ruskin, *Il n'y a de richesse que la vie* [1860], Gallimard, 2012.

sa quête d'équilibre, le joueur assure la capacité des écosystèmes à se reconstituer d'eux-mêmes ; il leur donne de continuer à jouer, condition nécessaire à ce que son jeu aussi continue. Même si son économie régénérative peut parfois mieux que restaurer, en améliorant la fertilité des sols, c'est bien la baisse de sa production, de son empreinte sur la Terre qui participe le mieux de leur bonne santé. Pour tenir le but infini d'un cycle de vie continu, l'homme joueur renonce à la production permanente, il débranche sa machine et laisse la terre respirer. Et ce temps de pause est sans doute aussi son propre salut.

L'autre ressource naturelle et finie que l'homme épuise, c'est lui-même. Keynes s'est trompé ; la part du travail dans la vie n'a pas diminué au rythme de la satisfaction des besoins primaires. Dans le jeu total qui produit plus que de besoin, la « marchandise fictive » du travail n'a pas ralenti ; elle déborde maintenant l'homme jusque dans sa vie privée. Quand près de la moitié des salariés se déclare en détresse psychologique ou en épuisement professionnel, qu'autant disent devoir s'isoler ou se « couper du monde », qu'un quart en devient « agressif », leur surexploitation devient même dangereuse[1]. D'autres maux du travail apparaissent en même temps, ceux de l'ennui et de

1. 44 % des salariés se déclarent en situation de détresse psychologique selon le baromètre OpinionWay sur la santé psychologique des salariés en France, 9 mars 2023.

la perte de sens. Ils complètent un tableau sombre de l'état des activités des joueurs qui se sentent tour à tour machines et inutiles.

Dans ce malaise qui dit encore la déconnexion du jeu professionnel d'avec les préoccupations du monde vivant, la nouvelle requête des salariés indique une autre voie possible. Pour apaiser les esprits et faire que le jeu continue, les maîtres du jeu total pouvaient augmenter les salaires ; mais avant la richesse matérielle, les salariés demandent désormais un meilleur *équilibre* entre vie professionnelle et vie personnelle. Leur objectif d'équilibre, le besoin de régénération de la vie sociale, fait écho à celui plus large du jeu vivant : produire moins pour vivre mieux. Le joueur vivant ne veut plus gagner sa vie, il veut la vivre. Abandonnant l'illusion d'une production maximale nécessaire, le problème de leur survie étant résolu, ces joueurs demandent à voir augmenter la part de jeu de leur vie, d'embrasser vraiment l'« inutile », les loisirs et les plaisirs simples de la vie. Jouer plus pour gagner ensemble. Le *joueur vivant* échappe au but total de l'accumulation de richesses illusoires et découvre le but infini de la transmission des savoirs : *l'art de vivre*. Il cultive et transmet la ressource infinie de la connaissance, il crée une œuvre et des jouets qui lui survivront. Il partage le jeu avec tous les hommes et tout le vivant. L'homme renoue ainsi avec l'animisme non par croyance, mais par connaissance du monde vivant qu'il habite ; tout contribue comme lui à ce que le monde continue.

En appliquant ce nouveau but économique de la qualité de vie à la sphère productive, l'homme conçoit une nouvelle chaîne vivante pour ses biens et services. Pour sa production de jouets dans son jeu total, sous le règne d'une consommation aveugle, l'homme avançait en droite ligne, de la transformation des ressources naturelles à leur distribution, leur utilisation, jusqu'à leur rejet. Seulement, dans le monde fini sans dehors, les déchets ne partaient jamais bien loin ; cachés sous la terre ou dans la mer, ils revenaient bientôt dans son assiette et son jeu contaminait ainsi sa vie, sa santé biologique. Avec son nouveau but infini, celui d'un cycle de vie continu, l'homme dessine une boucle de production et de consommation la plus fermée possible : son jeu économique devient circulaire.

Pour éviter la mort et le rejet des jouets, l'homme prolonge leur durée de vie en les partageant, en les réparant, en les employant différemment. Contre leur obsolescence programmée et leur renouvellement continu, l'économie circulaire préserve et anime les jouets sur le plateau. Elle leur donne un autre joueur ou une autre forme, une autre vie sur le même circuit. Et le joueur de profiter d'un *jouet infini*, qui lui procure là encore la joie du dépassement, celle de jouer un temps avec le prochain jouet d'un autre. Comme Pablo Neruda, il aime cette chose qu'il anime lui-même, les tasses, les vases, le chapeau, les escaliers qui l'« ont accompagné et vécu avec [lui] la moitié de [sa] vie, et [qui] mourront avec [lui] la moitié de [sa] mort[1] ».

Dans cette économie vivante, il aime et anime ainsi ses propres marchandises et leur fait suivre avec lui les tours de circuit. En bouclant la boucle du mieux qu'il peut, il essaie de n'ajouter au jeu que les nouveaux jouets manquants à son but. Dans son ancien jeu économique, l'homme a épuisé ses jouets, la terre et le travail, les « marchandises fictives ». Porté par un animisme éclairé qui leur reconnaît une égale dignité, il doit maintenant les soulager, leur permettre de se régénérer pour leur donner d'être pleinement joueuse et joueur à nouveau.

Dans ce monde vivant aux dimensions finies et constantes, l'homme trouve une profondeur de champ infinie, *le changement permanent* – de la connaissance qui croît comme dans *Everything* en passant de joueur en joueur, de l'œuvre qui, sans bouger, change et évolue avec l'âge de ceux qui posent les yeux sur elle. Michel-Ange laissait une partie des corps sommeiller dans le marbre, ces sculptures n'étaient pas finies, volontairement. Cinq siècles plus tard, c'est dans le code informatique que l'artiste Ian Cheng produit des œuvres infinies. Sa trilogie *Emissaries* est composée de simulations informatiques qui animent

1. Pablo Neruda, « Oda a las cosas rotas » dans *Navegaciones y regresos*, 1959.

des créatures sauvages préhistoriques et post-humaines dans une quête mystérieuse. Dans cette seconde nature générée procéduralement, chaque élément est unique et tout change, des relations entre les personnages aux formes et aux couleurs de leur environnement. L'œuvre n'a ni début ni fin ; dans sa description, la durée est indiquée comme « infinie ». Sa création n'a pas besoin de regardeur pour changer, elle n'a plus même besoin de son auteur : « C'est un jeu vidéo qui se joue tout seul[1]. »

Avec la génération procédurale, la machine aide l'homme à concevoir ses jeux infinis ; elle peut aussi l'aider à les explorer, à les jouer. Devant la richesse toujours renouvelée du monde à observer, la machine peut guider l'homme et parfois prendre son relais. Pour *Emissaries*, la machine de Cheng a conçu le monde avec lui avant de jouer seule, à chaque fois autrement ; elle offre aux joueurs le spectacle d'une expérience évolutive continue. Comme dans *Everything*, lorsque le joueur est inactif quelques instants, son personnage prend le relais ; il poursuit son chemin et ses rencontres sans attendre son maître derrière l'écran. Ce sont des *idle games*, des jeux qui ne nécessitent pas l'activité continue de l'homme pour s'exécuter. Le monde de ces jeux est persistant, il n'a besoin de personne pour continuer.

1. Définition de Ian Cheng pour la présentation de la trilogie *Emissaries* (2015-2017) au MoMA PS1 entre avril et septembre 2021.

Le joueur peut enfin faire une pause et devenir spectateur ; il peut même cesser de regarder le jeu, il continuera de se jouer sans lui : à son retour, le monde aura évolué. Comme partenaire, la machine aide ainsi l'homme à concevoir et explorer les possibilités du jeu. Elle peut aussi prendre le relais comme joueur et soulager ou reposer l'homme de son activité. En tant qu'artiste, Cheng dit que regarder sa simulation sans pouvoir anticiper son déroulement, lui apprend à « perdre le contrôle » et à « embrasser le changement ». Sa création est infinie, elle lui échappe même de son vivant et ne cesse d'évoluer pour continuer. Elle illustre la proposition de Carse à propos des jeux infinis : « Ce changement incessant n'est pas synonyme de discontinuité ; au contraire, le changement est lui-même la base de notre continuité en tant que personnes. Seul ce qui peut changer peut continuer : c'est le principe selon lequel vivent les acteurs de l'infini[1]. »

Dans ces jeux vivants, le joueur reconnaît les limites inhérentes au monde qu'il habite et qui lui permettent de jouer. Dans ce monde fini, il suit le but infini de faire que le jeu continue après lui. Et pour que le jeu continue, il voit qu'il doit sans cesse changer avec lui. Pas de monde, mais de points de vue. Au lieu de la quête illusoire d'avoirs infinis, il touche à l'infini de l'être et suit les mots de Proust pour qui le « seul véritable voyage, le

1. James P. Carse, *Finite and Infinite Games*, ouvr. cité, p. 37.

seul bain de Jouvence, ce ne serait pas d'aller vers de nouveaux paysages, mais d'avoir d'autres yeux, de voir l'univers avec les yeux d'un autre, de cent autres, de voir les cent univers que chacun d'eux voit, que chacun d'eux est[1] ». Dans ce monde commun à tout le vivant, il s'agit d'ouvrir son jeu à tous et de leur donner d'être également joueurs, pour dépasser ses propres limites et trouver les règles qui permettront de suivre son but.

1. Marcel Proust, *À la recherche du temps perdu*, t. V, *La Prisonnière*, Gallimard, 1923.

# 2

# La règle plurielle

## Du monde partagé aux jeux communs

Dans le monde vivant, l'homme découvre une terre *commune* à tous. Une seule Terre partagée par les vivants qui y tissent ensemble leurs interdépendances. Un terrain commun pour leurs jeux. Dans les failles du plateau fermé où il fallait acheter et s'approprier des cases artificielles, il voit un territoire naturel ouvert qu'il faudrait cultiver et partager. Comme le vivant circule dans le corps et de corps en corps sans discontinuer, la Dymaxion Map a remplacé les planisphères fragmentés ; la Terre est continue et commune au vivant. Une Terre sans frontières et un plateau sans cases pour un jeu ouvert. Une Terre commune et plurielle. Où les montagnes découpent un ciel toujours différent que la mer reflète toujours différemment. Où la vie circule partout à toute vitesse, fil conducteur d'un tissu aux mille couleurs, relais vivant d'une course infinie. Car cette Terre singulière abrite la pluralité de la vie. Elle héberge la *communauté* entrelacée du vivant qui la partage. Reliés entre eux et à elle, les vivants partagent les ressources qu'ils sont parfois eux-mêmes pour l'autre : ils sont interdépendants.

Pour organiser son monde et assurer sa place, l'homme dessine des règles de vie commune. *Il transforme le terrain commun de jeu en terre de jeux communs.* Si la terre est un *bien commun* naturel, une réalité partagée par tous, elle ne sera un *commun* qu'à condition d'être gouvernée par toute sa communauté dans le seul but infini de perdurer. Pour que le jeu suive son but infini, pour qu'il continue, il faut qu'il soit commun, partagé et réglé par tous. Avant le Grand Monopoly, d'autres jeux de Société organisaient le partage et la gestion de la terre. Au Moyen Âge, par exemple, la *common law* britannique y dessinait un jeu commun. En 1215, la Grande Charte signée par Jean sans Terre garantit un accès partagé aux ressources naturelles, le jeu est ouvert : il est interdit de clôturer les terres et d'en faire des cases, on ne joue pas avec des frontières. Dans *La Renaissance des communs*, David Bollier rappelle que les joueurs appelés *commoners* « avaient l'habitude de "battre les bornes" – autrement dit, de parcourir le périmètre de leurs terres ou de leurs forêts communales – à titre de célébration communautaire annuelle, ce qui constituait aussi, en même temps, une occasion de patrouiller aux frontières de leurs communs. Si quiconque avait essayé de clôturer le commun avec une barrière ou une haie privée, ils détruisaient ces dernières pour rétablir l'intégrité de leur commun[1] ». Avec la charte des Forêts de 1225, le jeu commun s'étend aux terres et forêts royales, désormais accessibles à tous les joueurs.

Avec l'essor du jeu total au XVII$^{e}$ siècle, les terres se séparent et se ferment bientôt. Les enclosures recréent des frontières artificielles, délimitent des cases dont les propriétaires tirent rapidement profit. Une terre fermée vaut trois fois plus cher : avec pour seul but la richesse individuelle, les bornes se répandent. Les terres se privatisent et le Grand Monopoly s'étend. Pourtant, après Elizabeth Magie, une économiste a pris le relais pour montrer qu'un autre jeu était possible. Jusqu'à la fin de sa vie, Elinor Ostrom a étudié différents jeux communs dans le monde, des terres communales d'Éthiopie aux prairies et forêts montagneuses de la Suisse et du Japon. Partout, elle a observé une pluralité de jeux qui s'adaptent et évoluent avec leur contexte et leurs communautés. Souvent, elle a découvert qu'une certaine autogestion des biens communs est plus efficace et pérenne que la règle totale, qu'elle soit capitaliste ou communiste. Elle a décrit une troisième voie, un autre jeu aux règles plurielles qui diffèrent de prairie en prairie, de génération en génération.

1. David Bollier, *La Renaissance des communs. Pour une société de coopération et de partage*, ECLM, 2014, p. 143.

## Les jeux communs d'Ostrom

Ostrom n'imagine pas cet autre jeu pour l'avenir comme Magie, elle l'observe à côté d'elle, avant elle aussi, parfois depuis la préhistoire. Toujours, elle reconnaît la pluralité des jeux communs comme une alternative qui porte toutes les autres. Au lieu de choisir entre le marché et l'État, elle ouvre entre eux un éventail de modèles mouvants comme autant de manières et de degrés dont un groupe – petit ou grand – peut répondre à une situation donnée ; pour elle, « il existe de nombreuses solutions face à de nombreux problèmes différents ». Des jeux communs pour un monde pluriel. À la fin de sa vie, devant le plus grand des défis, celui du dérèglement climatique, elle défendait une approche à plusieurs niveaux, du plus local au global, pour éviter le monopole des instances politiques sur le niveau mondial. Fuller refusait de ne laisser jouer au *World Game* que les « puissants » ; à son tour, elle considère que leur attribuer « la compétence exclusive » revient à priver « les responsables locaux et les citoyens de l'autorité nécessaire à la résolution des problèmes locaux[1] ». En faisant du climat un jeu de « grands », ils détournent ou découragent l'immense majorité des joueurs quotidiens. L'hyper-jeu climatique, où les actions des

1. « Elinor Ostrom », Wikipédia intertitre « Le changement climatique et la prise en compte de l'environnement ».

uns affectent toujours le terrain des autres, appelle au contraire une conception multijoueur, des jeux communs organisés autour de chaque ressource et communauté concernées.

Pour que le jeu et ses ressources durent toujours, les communautés de joueurs organisent et gèrent des systèmes de règles différenciées. Comme dans le jeu de cartes *Éleusis*, elles doivent trouver la bonne règle dans le bon contexte. Pour que ces jeux communs réussissent, Ostrom identifie huit « principes de conception » comme conditions nécessaires, sans être toujours suffisantes. Parmi eux, elle insiste sur la cohérence entre les règles choisies et la nature de la ressource concernée. Il faut que les règles d'accès ou de partage soient bien adaptées à leur environnement réel. Pour que la greffe du jeu commun prenne et dure, il faut qu'il soit harmonieusement intégré dans l'ordre et les règles de la nature, que le jeu commun soit vivant, encastré à nouveau dans son environnement. La règle doit être spécifique à son terrain, à ses ressources et à la communauté vivante concernée par le jeu.

Pour que le jeu commun continue sans péril, il faut aussi que la règle évolue, soit « flexible » pour s'adapter dans le temps. Enfin, ce sont les joueurs eux-mêmes qui doivent en être *concepteurs*. Ensemble, ils doivent pouvoir toujours contribuer à la modification des règles et c'est leur participation collective qui garantit la pérennité du jeu. La découverte de la bonne règle pour le bon jeu se fait de manière incrémentale, itérative. Les joueurs-concepteurs s'essaient à différentes possibilités et apprennent ensemble progressivement à équilibrer leur jeu. Dans le monde vivant, pour leurs jeux communs qui y sont bien intégrés, ils *cherchent* sans cesse la nouvelle règle qui leur est adaptée. Comme dans *Éleusis*, ils ne l'inventent pas, ils la découvrent.

Tous les joueurs d'*Éleusis* ont un pouvoir égal de recherche, la règle n'en favorise directement aucun, elle ne dépend que des cartes, pas des joueurs. C'est aussi une condition des jeux continus et communs : partager l'égalité des chances de jouer et de trouver la règle. Pour continuer, le jeu doit assurer une participation engagée. Notre jeu vivant n'est pas différent ; il déploie simultanément pour ses communautés différentes parties d'*Éleusis* aux différents points de notre Dymaxion Map. Pour organiser la gestion de l'eau sur cette montagne, de la pêche sur cette île, de l'énergie sur la planète, les communautés de joueurs concernés cherchent ensemble la règle qui permette au jeu de continuer jusqu'à la prochaine partie et la prochaine règle à trouver. La règle est plurielle, elle change avec le monde et ses communautés. Pour continuer, les jeux communs invitent tous les joueurs à être concepteurs, chercheurs de la règle plurielle ; tous les hommes et bientôt tous les vivants.

## Tous concepteurs

*« Chaque être humain est un artiste »*

Pour son « Jeu du monde », Fuller invite tous les hommes sur la Dymaxion Map. Pour « faire en sorte que le monde marche » pour tous sans dégrader le monde vivant, mais en s'y intégrant, il voulait que son jeu soit ouvert à tous, que sa gouvernance soit globalement partagée. Avec lui, les hommes sont joueurs et concepteurs à la fois, chercheurs de la règle plurielle du monde commun. Au même moment, sur une autre partie de l'île continue, un certain joueur conçoit un mode d'action collectif et universel pour transformer le monde à son échelle, pour en « déplacer les proportions ». Artiste et activiste, Joseph Beuys observe comment l'activité humaine façonne la société. Pour lui, lorsque ses actions sont réfléchies et conscientes, l'homme est un artiste et la société une véritable « sculpture sociale ». Il dit : « Plastiques sociales – Comment nous formons et façonnons le monde dans lequel nous vivons : la sculpture est un processus évolutionnaire, chaque être humain est un artiste[1]. »

Avec Beuys tous les joueurs sont concepteurs, car ils sont *également* doués de créativité, leur plus grand pouvoir. Ils créent ensemble le but et les règles

1. Introduction au catalogue d'exposition *Joseph Beuys*, Musée Solomon R. Guggenheim, New York, 1979, p. 7.

des jeux qu'ils habitent. Chacune de leurs actions contribue à l'œuvre plus grande de la société, au jeu dont ils ne sont qu'un moment d'une partie. L'art de Beuys ne représente ni ne simule le monde, il le sculpte. Il rassemble les joueurs et les fait agir ensemble. Comme en 1982 à Kassel où l'œuvre a consisté en la plantation de sept mille chênes par autant de joueurs, processus s'étalant sur plusieurs années. Observant l'œuvre humaine de désertification méthodique du monde, il propose une autre règle, un autre protocole à suivre pour les mêmes lieux, par les mêmes hommes : planter un chêne au pied d'une colonne de basalte. Beuys livre ainsi une montagne de roches mélangées, disposées ensemble comme une flèche vers une dernière colonne installée au pied d'un jeune chêne tout juste planté. Il invite le spectateur à jouer avec lui, à planter à son tour l'arbre et la pierre. Son œuvre n'est d'ailleurs pas vraiment la sienne ; collective, elle est partagée par tous les joueurs qui sculptent ainsi le paysage avec lui. Aucun collectionneur non plus ne peut s'approprier l'œuvre, le joueur peut seulement y contribuer en achetant pour 500 Deutsche Marks le droit de planter. L'arbre et la colonne ne lui appartiendront pas plus, il n'aura pour lui seul que le plaisir de contribuer au jeu commun et le reçu du don signé par l'artiste. On n'achète ni ne possède la terre des sept mille chênes, on y contribue.

En engageant les joueurs artistes dans cette action nécessaire à la biosphère, en reboisant la ville, Beuys « déplace les proportions » de la société. Premier symbole de ce renversement, le chêne vivant, d'abord plus petit que la colonne minérale figée, grandit bientôt pour la dépasser. Pour chacun de ces « monuments », la partie vivante, celle de « l'entité arbre » qui évolue sans cesse, prend le dessus sur la « partie cristalline » réduite progressivement sous l'effet de l'érosion. Dans l'œuvre, la proportion vivante dépasse l'autre. Il en va bientôt du même mouvement dans la ville. « L'action *7 000 Chênes* modifie les proportions dans la région urbaine de Kassel, le rapport entre la partie pierre, asphalte, béton, bâtiments, rues, places et la partie verdure[1]. » Comme un contre-mouvement à la désertification de la ville, l'œuvre et sa communauté organisent la régénération de sa part naturelle. Pour l'exposition, Beuys a choisi pour devise « Boisement municipal au lieu d'administration municipale ». Les représentants de cette même administration accueillent d'ailleurs l'œuvre avec enthousiasme ; la liberté de l'artiste court-circuite les méandres bureaucratiques dans lesquels ce type de projet écologique se perd. Il fallait l'action directe de l'artiste pour bouger les lignes entre la pierre et la terre, pour changer la règle que l'on avait oubliée. Ces représentants en concluent ainsi que « partout où la pétrification menace et où rien ne va plus, seul "l'art" peut encore promouvoir un regain d'activité et rétablir à nouveau la juste mesure entre la vie et la mort. »

1. Free International University (1990), *7000 chênes*, n° 47, p. 6-7.

*Déplacer les proportions* en accompagnant la croissance de la vie contre la mort, de l'arbre contre la pierre, de la forêt dans la ville. Déplacer aussi les proportions de la structure économique en renonçant au but et à la part de profit. L'œuvre est organisée par une association d'entreprises non capitalistes appelée « Action 3e voie » qui agit pour réorienter l'économie vers les besoins réels. En achetant son droit à planter, le joueur contribue à une déformation du financement de l'économie, à son orientation vers la vie.

> Celui qui [...] se décide à participer change le cours d'investissement de l'excédent de ses revenus – d'abord sur une échelle restreinte, à la fois pratique et modèle ; et le transforme en une opération créative de formation, la soustrayant ainsi à l'idée de destruction et d'accaparement par le système vendu à sa folie. [...] Peu à peu les germes de vie se trouvent ravivés et soustraits à la tumeur cancéreuse, afin que la « vraie nature de l'être humain » s'affirme avec de plus en plus de clarté[1].

En contribuant, le joueur mise sur une autre économie, conscient du pouvoir direct de son argent d'orienter le cours et surtout le but du jeu. À son échelle, il a déplacé les proportions de l'économie pour en faire grandir sa part vivante.

Après Beuys, un deuxième joueur a planté le deuxième chêne et après le sept millième, le jeu

1. Free International University (1990), *7000 chênes*, ouvr. cité.

doit continuer ailleurs. Le but du jeu de l'artiste est infini, l'œuvre se poursuit après lui : « L'action de planter [...] [est] destinée à s'intensifier au cours des années, car nous voulons que cette action continue à jamais ! » L'artiste initie un contre-mouvement qui le dépasse dans le temps et l'espace, un autre jeu de Société, un jeu vivant, continu et commun.

> Quand le boisement de Kassel aura été accompli, suivront les autres villes et lieux d'Allemagne, d'Europe centrale, d'Europe de l'Est, de l'Ouest, du Nord et du Sud et de partout, dans lesquels cas alors, après qu'aura été achevé le plantage des sept mille chênes à Kassel [...] lors de la continuation de l'action artistique en d'autres endroits de la Terre, il ne sera plus nécessaire d'ériger des roches de basalte auprès de chaque arbre. À ce moment-là, il sera devenu clair depuis longtemps que cela aura été le début flamboyant d'un « déplacement des proportions » à même d'inclure la planète dans sa totalité ainsi que tout ce qui est sur cette planète est vie, livrée à la destruction[1].

Le jeu de Beuys invite tous les hommes à le suivre, à planter un arbre pour changer de jeu, à agir selon des règles qui forment une autre sculpture sociale aux dimensions planétaires. Dans ce jeu commun qui redonne toute sa place au vivant, ils sont tous ensemble artistes et concepteurs.

---

1. Free International University (1990), *7000 chênes*, ouvr. cité.

Dans cette œuvre et dans les autres, Beuys engage la pluralité des hommes à *agir*. Sa propre action d'artiste est d'autant plus féconde qu'elle est elle-même multiple, hétérogène. Il dessine, il peint, il sculpte, avec le miel, le feutre, le bois, la terre. C'est le geste d'un homme pluriel : artiste, militant, politique, professeur, il joue différents rôles dans une même société. Dans cet *Éleusis*-là, il joue lui-même tour à tour sous différents chapeaux pour trouver sa propre règle. Il fait jouer ensemble tous les joueurs en lui pour sculpter sa propre vie comme une œuvre d'art collective. Une vie qu'il raconte et invente dès son lieu de naissance en prétendant être né à Clèves et non à Krefeld ; une biographie mythologique qui met ensemble des faits d'armes sans honneur, des inspirations surnaturelles, des événements et des positions contradictoires.

Comme la Dymaxion Map qui rassemble les terres, les climats et les langues en une seule île, le corps du joueur présente différentes expériences, désirs et points de vue ; son identité est plurielle. Selon les moments ou les sphères de sa vie, selon les parties de son jeu de Société, il porte différentes humeurs et costumes. Comme Proust présente au lecteur tour à tour une facette d'un personnage – « le Swann de Buckingham Palace » ou « l'Albertine caoutchoutée des jours de pluie » –, comme un reflet de son environnement du moment. Contre le rêve économiste d'un joueur uniforme et prévisible, la règle de l'individu est *plurielle et contradictoire. Homo ludens* met constamment en jeu différentes facettes de son être complexe en construction ; il pose ses mille yeux sur les mille lieux autour. Pour tenter de « définir » l'homme pluriel, le sociologue Bernard Lahire parle de *plis*. La richesse des perspectives du joueur reflète les différentes expériences et relations que le temps a pliées en lui. « L'acteur individuel est le produit de multiples opérations de plissements (ou d'intériorisation) et se caractérise donc par la multiplicité et la complexité des processus sociaux, des dimensions sociales, des logiques sociales, etc., qu'il a intériorisés[1]. » En fait, les autres sont pliés en lui ; il ne joue jamais seul. « Il n'existe alors nulle sortie possible du tissu social. L'intérieur n'est autre que de l'extérieur froissé ou plié et n'a donc aucune primauté ou antériorité ni spécificité irréductible. » Comme la Dymaxion Map déplie les différentes facettes du monde selon le point de vue choisi, l'homme pluriel active pour telle partie tel joueur en lui. Comme la terre continue, il évolue sans frontière, il est ouvert.

### *L'éducation transdisciplinaire*

Le jeu commun invite la pluralité *des* hommes et la pluralité *dans* l'homme. Pour trouver les règles qui permettent au jeu de continuer, toutes leurs

1. Bernard Lahire, *L'Homme pluriel. Les ressorts de l'action*, Paris, Nathan, 1998.

connaissances sont sollicitées ensemble. Commun immatériel qui se multiplie à mesure qu'elle est partagée, la *connaissance* s'ouvre partout sur la carte continue. Elle se transmet sans cesse de joueur en joueur par une éducation ouverte et plurielle. Comme enseignant, Beuys conçoit l'éducation comme un jeu commun, une maïeutique, un dialogue ouvert à tous qu'il organise dans son université où des centaines d'élèves partagent leurs pratiques et leurs perspectives. Ensemble, ils jouent à apprendre.

Pour nourrir la pluralité dans l'homme, le jeu commun de l'éducation ouvre aussi toutes les disciplines, en supprime les frontières imaginaires et les relie sur la carte continue du savoir. Là encore, pas de cases finies à acquérir pour de bon, mais des terres communes à cultiver toujours. Au lieu de se spécialiser dans une partie d'un champ fermé de la connaissance, le joueur pluriel cherche les intersections avec d'autres, il « franchit les bornes » et trouve parfois ailleurs, dans l'océan, des connaissances nouvelles à former. C'est l'inter- et l'antidisciplinarité. Et la règle plurielle de l'éducation de suivre les principes ouverts de la connaissance. Comme dans *Éleusis*, les rôles tournent et le professeur maître du jeu est l'élève chercheur de la prochaine partie, apprenant maintenant de l'un de ses anciens élèves. Le tissu vivant de la connaissance est partagé par tous les joueurs. Il plie avec lui les facettes maître et élève de chacun pour qu'ensemble, ils apprennent toujours.

*Concevoir avec la machine*

Quelques années après le rêve informatique de Fuller, Internet fait émerger la possibilité réelle de son jeu à l'échelle du monde. Une toile numérique, le Web, relie désormais les joueurs de toutes les parties de l'Île. La première toile, le Web 1 connecte les informations et les rend accessibles à tous. Le joueur est seulement lecteur et s'oriente dans ce tissu de connaissances par des *hyperliens*. Rapidement, une deuxième toile prolonge la première ; le Web 2 connecte maintenant les joueurs entre eux. Ils deviennent créateurs de contenus et les communautés d'intérêts émergent et s'organisent *en ligne*. Fuller voulait un inventaire des ressources planétaires, une vigie qui en agrégerait continuellement les connaissances. Quelques parties plus loin, les joueurs créent Wikipédia, « le projet d'encyclopédie librement distribuable que chacun peut améliorer[1] », dont chacun peut bénéficier. Universelle, elle est accessible dans plus de trois cents langues et compte plus de soixante millions d'articles qui abordent tous les domaines de la connaissance, des plus pointus aux plus populaires. Chaque jour, plus de cent mille contributeurs créent près de vingt-cinq mille articles et proposent plus encore de modifications ; tous les

1. « Wikipédia », Wikipédia, intertitre « Nature – Objectifs du projet ».

mois, cinq cents millions de lecteurs explorent l'encyclopédie. C'est un jeu commun qui emploie l'intelligence collective pour partager et multiplier la connaissance. Le logo de Wikipédia est un globe incomplet, un puzzle en cours de création qui rassemble les glyphes de différents alphabets. En évolution permanente, le jeu de la connaissance du monde est aussi infini : il enrichit le joueur pour tous ses autres jeux et grandit avec eux.

*Figure 6. Logo de Wikipédia*

Sur la toile numérique qui relie le monde, au même moment que la nouvelle encyclopédie, émerge un nouveau système de règles pour la propriété intellectuelle, pour les communs immatériels. Dans le jeu numérique commun, Creative Commons met à disposition des concepteurs différentes licences d'usage qui libèrent leurs créations du cadre rigide du droit d'auteur. Le concepteur combine ses règles pour choisir par exemple le degré d'ouverture de sa création à un usage commercial ou à la réalisation de produits dérivés. Contre l'appropriation exclusive qui maximise le seul gain de l'auteur, ce nouveau système de règles vise un autre but : « maximiser la créativité, le partage et l'innovation numérique[1] ». Plus de monopole de fait, mais la possibilité d'une œuvre plurielle, continue et partagée. Sur la carte continue, la toile libère la création et en ouvre les codes ; elle circule et progresse de point en point, de joueur en joueur. Pour définir la licence Creative Commons, *Le Monde* titra : « La liberté d'autoriser plutôt que d'interdire[2]. » Bientôt, ce système de règles plurielles s'applique à un autre objet immatériel, l'intelligence artificielle. AI Commons offre cette possibilité aux joueurs derrière les machines ; contre le monopole de ce bien commun que chacun nourrit de ses données, les licences permettent à chaque joueur d'en gouverner l'usage et le partage, à chaque concepteur d'ouvrir ses algorithmes ou sa puissance de calcul. Avec la *blockchain*, ses bases de données sont distribuées chez les joueurs, sans autorité centrale pour les gouverner. Entre eux, une nouvelle toile se tisse ; décentralisé, le Web3 voit émerger une pluralité de jeux communs, où les joueurs sont aussi concepteurs.

C'est sur cette « troisième toile », en août 2021, qu'un événement étrange s'est produit. Huit mille

---

1. creativecommons.org.
2. Damien Leloup, « Creative Commons : “La liberté d'autoriser plutôt que d'interdire” », *Le Monde*, 25 janvier 2007.

sacs numérotés y sont posés, accessibles à tous gratuitement. Dans l'un des sacs, le joueur trouve une cotte de mailles, des jambières sacrées et l'anneau de titane des géants, des gants de soie, la couronne d'un dragon, le « pendentif de la perfection », une lourde ceinture et une baguette en os. Dans tous les sacs, des objets uniques et différents. Ils forment autant de panoplies pour habiller et armer des personnages dans le même ordre : torse, pied, main, tête, cou, anneau, taille et arme. Ces sacs sont des cartes noires, les objets des mots blancs ; rien de plus. Aucune illustration n'oriente l'imagination. L'auteur, Dom Hofman, a seulement créé un code qui a généré aléatoirement ces objets. Il a aussi nommé ce qui semble être le début d'un jeu : *Loot (for Adventurers)* (« Butin [pour les aventuriers] »). Pour mener cette aventure qui ne débute que par du texte blanc sur fond noir, avec ces butins comme seuls points de départ, le concepteur n'indique aucun objectif ni aucune règle. Comme il a laissé la machine générer les artefacts, il laisse le soin aux joueurs de créer le jeu.

En quelques jours seulement, ils construisent tout un univers autour des sacs. Un système d'avatars personnalise chaque sac et chaque personnage est rapidement complété par son compagnon, sa maison et sa légende. La monnaie « Adventure Gold » émerge pour organiser les échanges, les extensions de sac attirent toujours plus de joueurs, les relations se complexifient et l'univers s'épaissit à tel point que des joueurs créent LootWatcher, un outil de recherche pour en explorer toute la richesse. Un jeu pluriel est né ; décentralisé, il est créé et maintenu par sa communauté. L'auteur initial relâche ses droits sur deux cents sacs qu'il redistribue à une trésorerie commune ; il se retire même du jeu qu'il n'a pas réellement inventé, seulement provoqué. Les communautés de joueurs-concepteurs tentent différentes règles pour différents mondes et partagent leurs perspectives et propositions dans le salon de discussion qu'ils ont aussi créé, LootExchange. Ensemble, ils mènent une aventure continue et commune. Le point de départ n'est plus qu'un point sur la carte qui rassemble tous les joueurs et leur créativité. Sur cette troisième toile, des écosystèmes numériques décentralisés émergent ainsi et donnent aux joueurs le pouvoir de concevoir leurs jeux communs. De nouvelles communautés d'intérêts s'organisent sans autorité centrale, partageant les droits et les devoirs des jeux qui les rassemblent.

### *Concevoir avec l'animal*

Les actions collectives de Joseph Beuys ont préfiguré ces œuvres interactives, en réseau. Il a invité une pluralité d'hommes à modeler avec lui la sculpture sociale, à décentraliser le jeu de Société. Avec les chênes, ils déplacent ensemble les proportions de la vie dans la ville. Ils jouent pour la nature. Quelques années auparavant, l'artiste s'est risqué à jouer avec elle. Sans maîtriser le jeu, d'égal à égal, il s'est décentré comme homme dans le monde. À New York, dans la galerie René Block, il s'enferme trois jours avec un coyote sauvage capturé au Texas. Il n'est équipé que d'une canne, d'un triangle, d'une lampe torche et d'une grande cape de feutre. Au sol, il y a de la paille et des exemplaires du *Wall Street Journal* sur lesquels le coyote préférera uriner. L'animal est agressif, il mord et déchire des parties du feutre qui recouvre l'artiste, blotti contre un mur. Progressivement, le coyote se calme, il prend confiance et joue sereinement avec celui qui partage son territoire. Avant de se séparer, Beuys le serrera dans ses bras.

Son action bouleverse encore les rapports entre le sauvage et la civilisation, entre la nature et la ville. Elle montre d'abord le fossé qui sépare l'homme de l'animal, pourtant installés ensemble dans le même espace, avec les mêmes ressources ; elle dit aussi le lien vivant qui se tisse naturellement. Le coyote n'est pas apprivoisé par l'homme, il répond à ses propres règles sans empêcher celles de l'homme. Enfermés sur un même terrain, ils négocient et jouent ; ils cohabitent. Et Beuys de dire après son tête-à-tête animal que « l'esprit du coyote est si puissant qu'aucun être humain ne le comprend, ni ce qu'il peut signifier pour l'avenir de l'humanité[1] ». Son œuvre présente ainsi une

1. Carin Kuoni, *Energy Plan for the Western Man: Joseph Beuys in America*, Four Walls Eight Windows, 1990, p. 141-144.

forme ou une demande de réconciliation entre l'homme blanc et l'esprit amérindien pour qui le coyote est un animal sacré qui a participé à la création du monde. Au-delà, en déplaçant leurs rapports, en se plaçant d'égal à égal avec le coyote, l'artiste trace la possibilité d'une autre réconciliation, entre l'homme et l'animal. Dans sa performance comme dans le monde vivant, il n'est pas maître du jeu, il s'est décentré et voit la grandeur de l'animal en face et en lui : « Car il faut dire avant tout que les animaux sont les représentants d'une force vitale qui a été totalement écrasée par le principe technologique : ce sont eux les victimes de notre prétendue civilisation. Rien que pour cette raison, ils ont leur place dans mes dessins comme porteurs de la vie dans toute sa richesse. Ou alors : comme un organe de l'homme, comme un organe directement relié à l'homme[1]. » Avec Beuys, l'homme trouve l'animal dans le miroir. Pluriel, il est aussi le coyote dans les plis oubliés de ses expériences. Pris dans le tissu vivant de ses interdépendances, il redécouvre son animalité, sa part sauvage. Il voit que, dans le jeu commun, tout le vivant doit jouer.

1. Emmanuelle Lequeux, « La mission sacrée de Joseph Beuys », *Le Monde*, 30 juillet 2020.

*Concevoir avec tout le vivant*

Un gros caillou, une plante grimpante, un sanglier calme, un robot à six pieds, un enfant de sept ans. Tous sont autour de la table. Chacun a été choisi pour représenter son règne vivant au premier G5 interespèce. Initié par l'Organisation interespèce pour le futur de la vie sur terre (IOFLE, International Organisation for the Future of Life on Earth), le sommet les invite à « négocier ensemble autour des possibilités de leur coexistence ». Entre minéral, végétal, animal, machine, humain. Qui mange qui ? Quand et où ? Quoi a le droit à quoi ? Leur réunion doit établir des règles communes pour « assurer l'avenir de la vie ». Reconnaissant leurs interdépendances, ils établissent ensemble une politique du vivant.

Pensé comme une voie politique heureuse, ce G5 est l'œuvre de la chorégraphe Rocio Berenguer. Conçu comme un poème interactif, une danse collective, le G5 « détrône » l'humain et le fait jouer aux côtés des autres règnes, à égalité. À l'origine de cette représentation, l'artiste s'interroge : « Je me demande pourquoi le monde est décidé à vingt ou huit humains[1] ? » Contre le jeu total qui ne se réglerait comme aux habituels G8 ou G20 qu'entre les représentants des nations les

1. Vidéo de présentation du projet *G5* de Rocio Berenguer par l'Atelier Arts Science, YouTube, 20 septembre 2019.

plus « riches » du monde, cumulant deux tiers ou 85 % du PIB mondial, Berenguer montre une alternative radicale, plus fidèle aux règles communes du monde vivant : elle regroupe les représentants de 100 % de la vie sur terre. En encastrant le jeu économique dans le jeu plus grand du vivant, elle déplace les rapports et forme une autre sculpture, vivante. Sur la Dymaxion Map, son « Jeu du monde » n'accueille pas que les humains, mais tout le vivant ; *Éleusis* fait maintenant jouer les espèces tour à tour et entre elles pour trouver la règle ensemble.

Dans le jeu vivant, un humain prend parti pour le règne végétal. Pour ces négociations de « puissants », considérant à raison la richesse vitale et non économique, il observe que la « nation des plantes » représente à elle seule 85 % de la biomasse contre 0,3 % seulement pour le clan de l'animal dont il fait partie. Partout sur la carte, il voit qu'elle est « la nation la plus nombreuse, la plus importante et la plus répandue de la Terre, où les arbres sont à eux seuls plus de 3 000 milliards ». Surtout, il comprend qu'elle « tient sous sa dépendance tous les autres organismes vivants ». Cet humain, ce joueur-chercheur, est le fondateur du Laboratoire international de neurobiologie végétale ; il s'appelle Stefano Mancuso. À force d'explorer ce règne, de vivre avec, il a aussi trouvé un autre dans le miroir, la plante cette fois. Comme mère du vivant, il rappelle qu'« à travers la photosynthèse, la flore produit (sur terre) la totalité de l'oxygène libre et de l'énergie nécessaire à la consommation des autres êtres vivants. Nous devons et nous devrons toujours notre existence aux végétaux, dont la présence à nos côtés est indispensable[1] ».

Fasciné par leur mémoire et leur intelligence sans cerveau, Mancuso voit que les plantes communiquent entre elles et influencent aussi les comportements des animaux pour les attirer ou les repousser. Portées par le vent, elles se déplacent sans bouger et s'adaptent à leur environnement de la Sicile au nord de l'Écosse en quelques jours seulement. Dans le jeu vivant dont elles créent les conditions, elles jouent ensemble et avec les autres depuis le début. Seulement, le règne des hommes ne les voit pas. Il les considère au mieux comme des jouets, souvent comme un décor lointain, un fond d'écran en couleur. Dans son jeu total, l'homme est aveugle à leur puissance de vie, et plus encore à sa propre dépendance ; en ne faisant que les consommer, il les détruit. En abattant 2 000 milliards d'arbres en deux siècles, il témoigne de son « incompréhension totale des règles qui régissent le fonctionnement d'une communauté d'êtres vivants » ; croyant gagner au jeu total, il perd le jeu vivant et se condamne.

Pour aider encore l'homme à qui elle a donné la vie, sous son drapeau bleu, blanc et vert, la nation des plantes imagine sa Constitution avec Mancuso.

1. Stefano Mancuso, *Nous les plantes*, Albin Michel, 2021, p. 10.

Il établit huit règles pour sa survie et au-delà, « des normes valables pour l'ensemble du monde vivant[1] ». Pour que le jeu vivant soit commun, l'article 1er stipule que : « La Terre est la maison commune de la vie. La souveraineté y appartient à tous les êtres vivants[2]. » L'article 3 dessine aussi pour la Terre une gouvernance décentralisée : « La nation des plantes ne reconnaît pas les hiérarchies animales, fondées sur la centralisation des lieux et des fonctions de commandement ; elle favorise les démocraties végétales partagées et décentralisées. » Dans ce monde continu, pour que le jeu soit toujours ouvert, l'article 7 précise que « La nation des plantes n'a pas de frontières. Tout être vivant est libre d'y transiter, de s'y établir et d'y vivre sans limitation aucune. »

En proposant la Constitution de la nation des plantes, Mancuso inverse les rôles et incarne la plante à qui il doit la vie, pour vivre ensemble en harmonie. Premier geste d'une réconciliation entre l'humain et le végétal, il tâche de se mettre à sa place, d'apprendre dans son corps pour « en prendre de la graine ». Après le coyote de Beuys, la plante éclaire l'homme sur la distance imaginaire qu'il a créée, sur la destruction réelle de la vie qu'il a perpétrée. Après les sept mille chênes, Mancuso propose lui aussi de déplacer les rapports du réel en prolongeant radicalement l'œuvre de l'artiste :

1. Stefano Mancuso, *Nous les plantes*, *ibid.*, p. 12-13.
2. *Ibid.*, p. 15.

planter mille milliards d'arbres au point de recouvrir les villes de plantes, de la chaussée aux toits, de mur en mur. Dans son jeu vivant, le végétal partage ainsi aux autres joueurs-chercheurs une règle absolue qu'ils ne voyaient plus : laisser prospérer les plantes pour garantir la vie.

Avec Berenguer et Mancuso, l'art et la science ouvrent la possibilité d'un nouveau réalisme magique, un *réalisme animiste* qui reconnaît partout le pouvoir de la vie. Après le *réalisme capitaliste* et les quelques hommes qui gouvernaient le monde pour gagner seuls, les règnes du vivant reprennent la main pour que la vie continue. Le minéral, le végétal, l'animal, l'humain et même ses jouets machines et autres objets s'animent tous ensemble. Le jeu total devient vivant. Après sa « cécité végétale », *l'homme se voit plante* et s'allie avec le reste du vivant pour trouver la règle plurielle du monde. Pour que tout joue avec lui dans cet *Éleusis* inter-espèce, l'homme doit comme Mancuso reconnaître les droits de la nature et partager avec elle la table du jeu dans le monde qu'ils ont en commun. Dans le jeu vivant, il invite la nature à concevoir et jouer plutôt qu'à être jouée ou jouet.

### *L'animisme juridique*

En mars 2017, en Nouvelle-Zélande, le Parlement a reconnu le fleuve Whanganui, troisième plus long cours d'eau du pays, comme une entité vivante dotée de la personnalité juridique. Depuis près de deux siècles de colonisation européenne, le fleuve était un jouet du jeu total ; découpé en cases à exploiter, en « rives, lits, berges, etc., chaque partie pouvant avoir un propriétaire différent et des droits d'usage différents ». Épuisé, pollué, le fleuve peut retrouver son intégrité au XXI$^{e}$ siècle ; il est considéré comme « *Te Awa Tupua*, un ensemble intégré et indivisible, sur tout son parcours, des montagnes à la mer, et sera reconnu comme une entité légale[1] ». La relation entre la santé du fleuve et celle des hommes est aussi reconnue. La personnalité juridique du fleuve doit lui permettre, comme à l'homme, de se défendre et bientôt de jouer pour préserver son intégrité.

Cet animisme juridique qui protège la santé du fleuve trouve sa source dans les traditions et les croyances maories. Avant le XIX$^{e}$ siècle, les communautés humaines vivent en harmonie avec le fleuve. Il est considéré comme « un trésor (*taonga*) qui appartient à tous et [...] qui ne peut pas être possédé ou exploité au profit unique des hommes[2] ». Pour les hommes autour du fleuve, il est tout à la fois protecteur avec ses falaises, nourricier avec ses poissons, mais aussi médecin ou prêtre. Il est un ancêtre qui veille sur tous et doit être respecté par chacun. « Dans cette cosmovision, divinités enfants

1. David Victor, « La nouvelle vague des droits de la nature. La personnalité juridique reconnue aux fleuves Whanganui, Gange et Yamuna », *Revue juridique de l'environnement*, n° 3, 2017, p. 409-424.

2. *Ibid.*

de la Mère Nature Papatuanuku, les éléments de la nature (animaux, plantes et rivières, montagnes ou lacs) ont des liens de parenté avec les humains qui doivent les respecter comme s'ils étaient des leurs. » Grâce à l'effort continu de ces communautés qui ne l'ont jamais oubliée, la culture de l'harmonie avec le vivant imprime à nouveau les règles du jeu local.

Au même moment, au nord himalayen de l'Inde, les juges de la Haute Cour de l'Uttarakhand, à Nainital, reconnaissent le Gange et son principal affluent, la Yamuna, comme personnes juridiques avec leurs droits propres. Avec près de 500 millions d'humains qui dépendent de lui pour subvenir à leurs besoins quotidiens, le Gange est considéré comme « respirant, vivant et soutenant les communautés des montagnes à la mer[1] ». La rivière est considérée comme une déesse et accède presque naturellement au rang de joueur sacré parmi les hommes. Quelques jours plus tard, la même cour de ce jeu vivant élargit la base des joueurs en reconnaissant cette fois « les chaînes de montagnes himalayennes, les glaciers, les rivières, les ruisseaux, les lacs, les jungles, l'air, les forêts, les prairies, les vallons, les zones humides, et les sources [...] en tant que personne juridique [...] pour leur survie, leur sécurité, leur subsistance et leur résurgence[2] ». Pour que le jeu vivant continue, les juges

1. David Victor, « La nouvelle vague des droits de la nature. La personnalité juridique reconnue aux fleuves Whanganui, Gange et Yamuna », art. cité, p. 420.

2. *Ibid.*, p. 422.

« évoquent le droit intrinsèque des fleuves, lacs et cours d'eau à exister, se maintenir et régénérer leurs propres écosystèmes vitaux et à ne pas être pollués » ; ils sont joueurs à part entière et partagent les mêmes droits que les joueurs humains ; les préjudices aux uns ou aux autres seront considérés de la même manière. Tout joue ensemble, d'égal à égal. Pour compléter la table et permettre le G5 de Berenguer, le robot autonome acquiert aussi bientôt sa propre personnalité juridique. Il sera tenu responsable de ses propres décisions dans le jeu[1].

Dans l'économie vivante, des joueurs humains changent aussi le sens du match et les proportions de leur équipe. Yvon Chouinard, le créateur de l'entreprise de vêtements techniques Patagonia n'en partage pas seulement la propriété avec d'autres hommes ni même d'autres espèces. À l'été 2022, il choisit de la confier entièrement à la Terre qui devient son « seul actionnaire ». À chaque tour, celle qui a permis au jeu d'exister percevra la totalité des dividendes pour perdurer. Tous les résultats de « l'équipe » Patagonia profiteront à la nature. Mais qui la représente ? Qui ou quoi incarne « l'autre qu'humain » dans ces nouveaux jeux de Société ? Comment l'homme partage-t-il le jeu avec ces altérités ?

---

1. David Victor, « La nouvelle vague des droits de la nature. La personnalité juridique reconnue aux fleuves Whanganui, Gange et Yamuna », p. 423. Voir article 59, f, de la résolution du Parlement européen du 16 février 2017.

Pour pouvoir jouer ensemble et trouver la règle plurielle, les joueurs doivent se comprendre et partager un langage commun. Souvent, c'est l'homme qui représente les autres. Autour de la table, il est leur porte-parole ; elles ont une « face humaine ». Dans le spectacle *G5*, Berenguer tire au sort les représentants de chaque règne dans le public, quand Mancuso s'autoproclame plume des plantes dans son essai. Pour représenter la Terre à son comité de direction, Patagonia nomme une association d'humains dédiée à la cause naturelle. En Inde, pour défendre les intérêts des fleuves, la Haute Cour désigne un directeur, un secrétaire et un procureur. Le fleuve de Nouvelle-Zélande, lui, est protégé par trois organes, constitués à chaque fois par des communautés différentes. L'un d'eux « parle et agit pour et au nom » du fleuve, il défend son bien-être ; un autre organe a même la charge d'une *stratégie* pour le fleuve. Composé de personnes physiques et morales, privées et publiques, toutes concernées par le fleuve, le comité stratégique, lui, permet de ne pas seulement se défendre des autres joueurs, mais de jouer vraiment, en avant.

Seul ou en équipe, nommé ou élu, l'homme joue à chaque fois le jeu des autres. Il représente les communautés naturelles pour négocier dans sa propre langue, avec elles. Pourtant, en leur prêtant face humaine, l'homme risque de jouer double-jeu. Sans quitter vraiment sa première communauté, il peut entrer en conflit d'intérêts et continuer de faire gagner l'homme qui respire toujours sous la fourrure. Et si c'était la machine qui représentait les autres ? En partageant par exemple les informations et les données de santé qu'elle capte partout ? Serait-elle la porte-parole objective des vivants, celle qui traduirait le mieux leurs besoins et leurs désirs ? Ou risque-t-elle aussi de porter les biais de son créateur, l'homme qui se cache derrière elle ?

Un monstre apparaît. Sur la scène du *G5*, ce sixième être à la fourrure d'algues prend le micro et crie : « Nous sommes la continuité ! Nous sommes la continuité ! » Hybride, mélange des règnes, il assemble et dépasse les attributs de chaque espèce ; sous les projecteurs, il interrompt la réunion qui se tenait entre elles, il veut la renverser. Refusant d'enfermer chaque règne du vivant l'un contre l'autre dans un pion, sur une case, il leur montre brutalement ce qui les relie. C'est lui, le vivant qui circule entre tous les êtres, l'élan qui les parcourt et les tient tous ! L'œuvre multimédia de Berenguer, à la fois danse, poème, théâtre et vidéo, exprime justement cette continuité entre les formes. Entre les connaissances aussi tant l'artiste a sollicité de disciplines, pour chaque règne et entre eux ; des chercheurs en biologie, en anthropologie, en intelligence artificielle qui reliés par son art interdisciplinaire, dessinaient cet hybride indéfini, interdépendant.

Au micro, tout s'exprime d'un coup comme un seul être. Au lieu d'un homme qui les représente tous avec sa grammaire finie, des traductions continues interprètent ces communautés mêlées. Pour sortir des corps et des cases qui séparent et opposent, le jeu vivant fait jouer les interdépendances et combine des équipes toujours différentes.

Au lieu d'un représentant par espèce, le philosophe Baptiste Morizot propose des « diplomates des interdépendances », des porte-parole des liens qui ne mettraient pas en jeu « des représentants de l'Amazonie contre les intérêts humains, mais des représentants qui auraient vocation à valoriser les interdépendances entre certains usages humains et les communautés biotiques de l'Amazonie[1] ». Avec ces diplomates qui ne cessent de traduire au plus près des relations, la règle plurielle se dévoile bientôt.

Pour mieux révéler ces règles partagées entre tous, les jeux vivants ont enfin en commun d'être *coopératifs*. Pour que le jeu du monde continue, les joueurs gagnent à s'allier au lieu de s'affronter, à partager leurs connaissances pour multiplier ensemble leurs possibilités et dépasser les limites de leur identité. Entre eux, c'est l'harmonie du vivant qui se joue.

---

1. Marie Toussaint, Baptiste Morizot, « Pour une diplomatie du vivant », propos recueillis par Martin Monti-Lalaubie, *Revue Projet* 2021/3 (n° 382), p. 50-55.

# 3

# La coopération universelle

## Du monde collectif au jeu coopératif

Plongé dans le monde vivant, l'homme découvre des relations continues entre tout. Au lieu de la confrontation systématique du Grand Monopoly qui ne valorisait que la compétition individuelle, se jouent devant lui des *coopérations universelles*. Dans ce monde commun où les vivants cohabitent, il les voit, les entend et les sent communiquer au sein de chaque espèce, de chaque équipe et entre elles, en formant ainsi de nouvelles. Les langages varient, du cri de la marmotte qui prévient d'un danger aux formes et couleurs signifiantes des ailes du papillon, en passant par les signaux chimiques de la plante de Mancuso qui attire ou repousse les siens et les autres. Interdépendants et portés par le but commun de continuer à vivre, de continuer à jouer, tous les vivants sont aussi incités à coopérer. Devant la catastrophe d'un feu, ils s'entraident spontanément et tentent de se sauver ensemble ; les jours plus calmes aussi, l'homme les voit s'assister et jouer ensemble : l'oiseau mange les insectes qui grattent le dos du buffle qui, lui, protège les zèbres et les antilopes qui dorment autour. À côté de la compétition pour la survie, l'homme trouve une autre interaction naturelle, une autre « loi de la jungle », celle de la coopération.

Pour suivre son but infini, vivre, la nature montre une autre voie que la loi individuelle du plus fort dont le mythe a trop simplifié l'œuvre de Darwin. Au contraire, sa relecture précise permet d'entrevoir que les espèces les plus « adaptées » à la survie sont souvent les plus sociales : « Ces communautés, qui comprenaient le plus grand nombre de membres les plus sympathiques, s'épanouiraient le mieux et élèveraient le plus grand nombre de descendants[1]. » Les auteurs Brian Hare et Vanessa Woods prolongent sa proposition et considèrent par-delà l'entraide, l'*amitié* comme condition de victoire au jeu vivant ; dans leur ouvrage *Survival of the Friendliest* (« La survie du plus amical »), ils écrivent que Darwin et « beaucoup des biologistes qui l'ont suivi ont démontré que le moyen idéal de gagner le jeu de l'évolution est de maximiser la convivialité afin que la coopération s'épanouisse[2] ».

1. Charles Darwin, *Descent of Man, and Selection in Relation to Sex*, 1871.

2. Brian Hare et Vanessa Woods, *Survival of the Friendliest: Understanding Our Origins and Rediscovering Our Common Humanity*, Random House, p. 17, 2020.

## Les alliances du jeu vivant

Pour gagner au jeu vivant, pour être « sélectionné » et prospérer, il faudrait jouer ensemble, coopérer au sein des espèces, mais aussi entre elles. Sur Terre, cette stratégie de partenariat n'est pas nouvelle, elle a l'âge de la vie ; depuis que la mitochondrie a rencontré une plus grande cellule, depuis que les microbes s'entretiennent avec nos corps[1]. On la retrouve à tous les niveaux, à toutes les échelles. Hare et Woods rappellent, par exemple, que les fourmis, qui représentent ensemble un cinquième de la masse des animaux terrestres, peuvent « former des superorganismes comptant jusqu'à 50 millions d'individus et fonctionnant comme une seule unité sociale[2] ». Filles colorées des plantes, les fleurs ont rapidement habillé les paysages grâce à leur « relation mutuellement bénéfique avec les insectes pollinisateurs[3] ». Fils sympathique du loup, le chien devient l'ami de l'homme, son compagnon de vie et de jeu. La sélection humaine a agi contre l'agressivité du loup, pour la sympathie du chien : les premiers sont chassés quand les derniers sont élevés par centaines de millions. Pour les auteurs, c'est aussi

1. Brian Hare et Vanessa Woods, *Survival of the Friendliest: Understanding Our Origins and Rediscovering Our Common Humanity*, ouvr. cité, p. 18.
2. *Ibid.*, p. 19.
3. *Ibid.*

ce penchant pour l'amitié qui a donné à *Sapiens* son avantage sur les autres *Homo* ; en cultivant son don pour la coordination et la communication, il se renforce avec ses pairs et bientôt avec les autres équipes aussi. Partout dans le monde vivant, l'homme découvre que la compétition n'a pas le monopole des interactions biologiques. Souvent, c'est la coopération qui domine : qu'un vivant aide un autre sans retour ou que leurs bénéfices soient réciproques et durables. Le jeu vivant est alors gagnant-gagnant ; c'est la *symbiose*.

Les jeux vivants sont coopératifs. Dans notre *Éleusis*, les joueurs jouent maintenant *ensemble*, à jeu ouvert. Ils communiquent, ils échangent leurs cartes et cherchent collectivement la bonne stratégie. Au gré des parties à gagner et des règles à trouver, des alliances différentes se tissent, des équipes mixtes se forment. Selon l'enjeu émergent des partenariats de vivants qui le partagent et détiennent respectivement l'une des perspectives à compléter. Comme dans *Everything*, ils échangent leurs connaissances et complètent leur encyclopédie : leur intelligence est *collective*. Au lieu de se renfermer sur leurs cases clôturées, ils accueillent et embrassent leurs interdépendances pour renforcer leurs liens. Avant même de gagner, jouer et apprendre ensemble suffit à leur plaisir, à retrouver la joie propre au jeu libre et incertain. Pour trouver la règle plurielle, celle qui permet au jeu vivant de continuer, les joueurs doivent ainsi jouer tous ensemble : leur coopération est *universelle*. Qu'il réunisse, selon l'enjeu, une espèce entière ou des parties des espèces entre elles, le jeu doit permettre cette interopérabilité et ces alliances radicales entre tout. Faire jouer le bon ensemble à la bonne partie. Entre tous les vivants. Entre l'homme et la machine aussi, son alliée pour la traduction du monde et l'exploration de ses possibles. Jouer avec la pluralité du vivant, grâce à l'altérité de la machine. À condition seulement que les hommes jouent déjà vraiment ensemble, comme une seule équipe dans leur sublime diversité.

## Tous ensemble

### *Entre tous les hommes : l'intelligence collective*

Dans son « Jeu du monde », Buckminster Fuller a imposé la coopération entre les joueurs comme seule interaction possible. Ce jeu qu'il appelait initialement « Jeu de la paix mondiale » (*World Peace Game*) ouvre ainsi une alternative radicale aux jeux de guerre (*war games*) si populaires encore. Ces jeux-là supposent un affrontement permanent entre les hommes pour leurs ressources ; ce sont des jeux finis où, comme au *Monopoly* avec les faillites, on gagne seulement quand les autres perdent – et meurent en l'occurrence. Là où personne ne perd au *World Game*, il y a toujours au moins un perdant dans ces jeux de guerre : celui qui a subi la loi du plus fort.

Gene Youngblood oppose ces deux visions du monde par le jeu en imaginant leur devise respective, « diviser pour mieux régner » pour les jeux de guerre, « l'union fait la force » pour le jeu de Fuller. L'inventeur prévoyait même que les joueurs qui s'opposeraient à ce principe d'entraide seraient disqualifiés : « Tout joueur [...] qui cherchera à instaurer un rapport de domination sera éliminé. Le jeu ne peut être gagné que par des moyens pacifiques, en faisant usage de son intelligence et par un emploi raisonné des ressources collectives. Les joueurs n'entreront pas en concurrence les uns avec les autres. Ils s'engageront dans une recherche coopérative pour déterminer comment l'humanité peut atteindre un mode de vie satisfaisant et débarrassé de la pollution[1]. »

Chez Fuller, entrer en compétition vous fait sortir du jeu ; c'est finalement la seule manière de perdre. Timothy Scott en conclut que la coopération était « la règle principale du jeu, car la seule sanction était la disqualification de tout joueur qui tentait de dominer un autre ou d'introduire de la compétition ». Pour autant, cette absence de compétition frontale n'empêchait pas l'émulation des équipes ; au contraire, ces dernières ne cessaient à chaque tour de reprendre et de compléter le scénario le plus efficace pour poursuivre l'œuvre collective d'accumulation de connaissances au lieu de

1. Richard Buckminster Fuller, Gene Youngblood, Medard Gabel, *E3*, ouvr. cité, p. 3.

s'approprier seulement un résultat. « Une équipe pouvait gagner un tour en résolvant un problème dans le temps le plus court possible, mais, au tour suivant, les joueurs essayaient d'améliorer ce premier scénario réussi, et ainsi de suite pour chaque tour suivant[1]. »

Avec son but infini et sa règle plurielle, le « Jeu du monde » est continu et commun ; il est aussi collectif et coopératif, les équipes jouent entre elles et avec les autres ; elles se passent le relais au fil des parties.

Fuller voulait que son jeu pacifique remplace les guerres politiques. Il espérait même que sa méthode de participation totale et d'interactions directes sur les défis du monde se substitue aux organes de décisions politiques nationaux et internationaux, menés par trop peu d'hommes trop éloignés du monde. Un demi-siècle plus tard, c'est son jeu qui a disparu, mais son but et ses règles persistent par endroits. Par exemple, en 2015, l'Assemblée générale des Nations unies adopte dix-sept objectifs de développement durable, un agenda à l'horizon 2030 commun au cent quatre-vingt-dix-sept pays membres pour assurer « la paix et la prospérité pour les peuples et la planète ». Comme le jeu de Fuller, l'agenda de l'ONU liste et mesure les objectifs nécessaires pour ce but infini ; de la pauvreté aux inégalités, de l'eau à l'éducation, en

1. Timothy Scott, *Buckminster Fuller's World Game and Its Legacy*, Routledge Focus, 2021, p. 22.

passant par le climat et la biodiversité. Le seizième objectif est celui de la paix et de la justice ; le dernier est celui de la coopération, des « partenariats pour la réalisation des objectifs ».

Symbolisé par cinq cercles entremêlés, connectés comme les terres de la Dymaxion Map, cet objectif est transversal et commun à tous les autres ; il caractérise la méthode pour les affronter. C'est une approche de coopération nécessaire à tous les enjeux, à tous les niveaux que le secrétaire général de l'ONU résume ainsi : « Pour que nos efforts aboutissent, nous devons faire en sorte que le nouveau programme fasse partie du contrat entre la population, notamment la population civile et les entreprises responsables, et les gouvernements, sur les plans tant nationaux que locaux[1]. » Pour atteindre les seize autres objectifs, le dix-septième donne ainsi une clé d'action collective ; tous ces buts communs demandent une coopération totale. Avec ses objectifs, le jeu continu et commun de l'ONU est aussi coopératif. Face à la complexité et à l'interconnexion des défis, chaque joueur et chaque équipe, privée ou publique, locale ou globale détient une perspective spécifique, une part de la connaissance et de la réponse distribuées entre tous. Devant l'urgence du défi climatique, le secrétaire général de l'ONU n'envisage aucune autre

1. « Objectif de développement durable n° 17 des Nations unies, Partenariat pour la réalisation des objectifs », Wikipédia intertitre « La mise en place de synergies ».

méthode. Comme Fuller, il disqualifie toute alternative à la coopération et, comme Magie avant lui, il dessine pour l'homme un choix clair entre deux jeux ; devant cent chefs d'État, il déclare en novembre 2022 à la COP 27 : « L'humanité a le choix, coopérer ou périr. C'est soit un pacte de solidarité climatique, soit un pacte de suicide collectif[1]. »

Comme dans *Everything*, c'est en rencontrant les autres points de vue et en alliant les bonnes expériences que le jeu progresse. Au jeu vivant, aucun joueur ne saurait gagner seul ; seuls tous les joueurs ensemble peuvent essayer. Dans ce monde commun où l'information est partagée parmi les joueurs, l'équipe diversifiée réduit les biais individuels ; elle forme bientôt la connaissance générale. À mesure qu'elle grandit, l'équipe trouve et assemble l'intelligence qui était distribuée ; ensemble, les joueurs ont une *intelligence collective*. Cette intelligence-là « se manifeste par le fait qu'une équipe d'agents coopérants peut résoudre des problèmes plus efficacement que lorsque ces agents travaillent isolément[2] ». Sous certaines conditions, l'intelligence de l'équipe est supérieure à la moyenne des intelligences des joueurs ; elle peut même être supérieure à celle

1. Discours d'António Guterres, secrétaire général de l'ONU à la COP 27, Charm el-Cheikh, le 7 novembre 2022.

2. Sandro M. Reia, André C. Amado et José F. Fontanari, « Agent-based models of collective intelligence », *Physics of Life Reviews*, vol. 31, 1er décembre 2019, p. 320-331.

du meilleur joueur. Aristote ne disait pas autre chose lorsqu'il expliquait que « la majorité, dont chaque membre pris à part n'est pas un homme remarquable, est cependant au-dessus des hommes supérieurs[1] ».

À l'aube de l'an 2000, une partie d'échecs inédite tente d'illustrer cette proposition. Après avoir opposé l'intelligence artificielle à celle du champion du monde, on mesure cette fois l'intelligence collective en la confrontant au même Garry Kasparov. Après avoir perdu contre la machine, le roi déchu du jeu est défié par cinquante mille joueurs humains à la fois. En une seule équipe, ces joueurs de différents niveaux auront vingt-quatre heures pour voter chaque coup à la majorité. Kasparov ouvre le jeu et avance son roi. Le joueur aux cinquante mille têtes réplique par une défense sicilienne, reconnue comme la meilleure réponse possible. Au dixième jour, l'équipe vote à 53 % un coup surprenant qui déstabilise le champion ; il le qualifiera lui-même de « remarquable nouveauté théorique ». Cinquante-deux coups et quatre mois plus tard, Kasparov finit par gagner cette partie serrée « contre le monde ». Pour lui, l'originalité et la complexité des déplacements en ont fait « la meilleure partie de l'histoire des échecs[2] ». Si elle a perdu ce coup-là, l'intelligence collective a

1. Aristote, *La Politique*.

2. Fouloscopie, « Y a-t-il une intelligence collective aux échecs ? », cité par Mehdi Moussaïd sur sa chaîne YouTube, 23 juillet 2022.

bien rivalisé avec la plus grande intelligence individuelle. À d'autres jeux en revanche, elle l'emporte à chaque fois.

Dans le jeu télévisé *Qui veut gagner des millions ?*, le joueur doit répondre correctement à quinze questions à choix multiples à la difficulté croissante. Pour s'aider, il a notamment la possibilité d'appeler un ami qu'il a choisi pour son expertise ; il peut aussi demander l'avis du public, une petite foule dont les réponses individuelles sont partagées directement. « Tout ce que nous pensons savoir sur l'intelligence suggère que l'individu intelligent offrirait le plus d'aide[1] », note le journaliste James Surowiecki qui analyse les résultats de l'émission. Pourtant, si l'expert a raison les deux tiers du temps, « ces foules aléatoires de personnes n'ayant rien de mieux à faire un après-midi de semaine que de s'asseoir sur un plateau de télévision ont choisi la bonne réponse dans 91 % des cas[2] ». Le public est un meilleur allié que l'expert. Si cette expérience répétée ne revêt pas un caractère scientifique suffisant pour faire de la domination de l'intelligence collective une règle absolue, elle fait écho à une série de découvertes qui ont réhabilité « la sagesse des foules ».

Contre l'idée répandue que lorsque les hommes sont réunis « leur intelligence ne s'additionne pas,

1. James Surowiecki, *The Wisdom of Crowds*, Anchor Books, 2004, p. 4.
2. *Ibid.*

elle se divise[1] », plusieurs situations ont ainsi révélé qu'elle pouvait au contraire se multiplier. Surowiecki rappelle ainsi l'expérience menée par le statisticien britannique Francis Galton en 1906. Lors d'une foire au bétail, un concours s'organise pour deviner le poids d'un bœuf une fois débité : 787 personnes participent et Galton précise que beaucoup d'entre elles n'étaient pas expertes[2]. Une fois le concours terminé, le statisticien récupère tous les votes pour définir la réponse du « voteur moyen », espérant prouver sa grossière erreur face aux experts. La foule avait en moyenne évalué la bête à 1 197 livres ; elle en faisait réellement 1 198, soit 543 kilos : la foule avait raison ; son « jugement [...] était essentiellement parfait ».

Un siècle plus tard – inspiré par les études sur les intelligences collectives animales, de la collaboration entre les fourmis aux décisions distribuées des abeilles –, s'ouvre le champ de recherche de l'intelligence collective humaine. Pour que l'intelligence de l'équipe soit supérieure à celle de l'expert ou de ses joueurs pris isolément, Surowiecki identifie sinon une recette, du moins des conditions et règles nécessaires. D'abord, la *diversité* des joueurs, de leurs communautés et de leurs idées, pour garantir différentes opinions et une bonne représentation

1. Pierre Desproges, *La Seule Certitude que j'ai, c'est d'être dans le doute*, Seuil, 1986.

2. James Surowiecki, *The Wisdom of Crowds*, ouvr. cité, p. 12.

du sujet. L'intelligence est collective si elle est effectivement nourrie de positions variées, voire opposées. Il faut aussi que la collecte de ces jugements soit *décentralisée* pour agréger des connaissances et points de vue au plus près des sujets, des perspectives du plus local au global. Aussi, Surowiecki note avec ses exemples que les jugements doivent être *indépendants* pour empêcher l'influence des autres et éviter de donner raison au psychologue social français Gustave Le Bon qui observait que « l'individu se trouve altéré par la foule [et] devient surtout soumis à l'inconscient, et régresse vers un stade primaire de l'humanité[1] ». Ainsi, le collectif est parfois plus performant lorsqu'il est silencieux. Pourtant, certaines communications bien réglées entre les joueurs peuvent élever encore davantage l'intelligence du groupe.

Quelques années plus tard, une autre partie d'échecs oppose des milliers de joueurs ensemble au tenant du titre : l'intelligence artificielle. Les joueurs humains jouent encore comme un seul homme en votant leur position ; l'intelligence artificielle joue au niveau de la moyenne des joueurs. Seulement, cette fois, les participants ont accès à un sondage qui agrège les intentions de jeu de leurs pairs. Avant de voter, ils connaissent l'intention de vote des autres. Mehdi Moussaïd, le chercheur

1. Cité par Bernard Dantier, *Introduction à la* Psychologie des foules *de Gustave Le Bon*, Les Classiques des sciences sociales, 2002.

qui mène cette expérience, conclut au terme de cinq cents parties que « la foule joue mieux que la moyenne des gens qui la composent ». Plus encore, il observe que « le sondage amplifie cette tendance » : la foule gagne 77 % des fois avec le sondage contre 64 % sans. Cette information individuelle agrégée et partagée entre les joueurs avant de jouer a permis d'améliorer leur performance collective.

Lors d'une autre expérience, le chercheur Hugo Mercier observe qu'une bonne communication entre les joueurs permet d'assurer une meilleure réponse. Pris individuellement, seulement 10 % des joueurs résolvent son énigme. Ensemble, il leur faut vingt minutes d'interactions et d'argumentations pour trouver la solution. L'auteur observe alors que la raison ne peut pas être solitaire, elle émerge d'interactions sociales, en particulier contradictoires. Ses travaux montrent que le raisonnement humain est de nature argumentative[1] ; que le joueur humain a besoin de pairs pour mieux réfléchir et bien jouer. Son intelligence est toujours sociale ; à force d'échanges argumentés, les joueurs quittent leur « biais de confirmation » qui cherchait seulement des arguments en faveur de leur première croyance. L'équipe des hommes joue mieux si elle sait communiquer sans dominer, si elle coopère assez pour augmenter sa connaissance

1. Hugo Mercier et Dan Sperber, *The Enigma of Reason*, Harvard University Press, 2017.

collective et annuler les biais individuels. Comme le formule le docteur en psychologie cognitive Émile Servan-Schreiber, « la qualité de la communication entre les cerveaux compte plus que la puissance des cerveaux eux-mêmes[1] » ; le quotient intellectuel du collectif dépend du quotient émotionnel de chacun. Pour que son équipe gagne avec les autres, l'homme doit donc d'abord *apprendre à coopérer.*

### *La paix : un jeu d'enfant ?*

Elizabeth Magie croyait dans la fonction éducative des jeux dès l'enfance. L'injustice du « Jeu du propriétaire » provoquait les plus jeunes quand l'alternative du « Jeu de la prospérité » montrait une autre voie où aucun joueur n'était jamais laissé de côté. Elle espérait que l'expérience du jeu par les enfants éclaire leur vie d'adulte. À l'autre bout du siècle, à Londres, une institutrice en école maternelle et primaire entreprend à son tour de renverser l'interaction dominante dans les jeux d'enfants pour que la coopération l'emporte sur la compétition. « À l'école ou au travail, la compétition joue un rôle majeur dans notre vie. [...] Force est de constater qu'actuellement, le jeu compétitif est plus largement répandu », écrit Mildred Masheder. Avec son livre *Jeux coopératifs pour*

1. Émile Servan-Schreiber, *Supercollectif. La nouvelle puissance de nos intelligences*, Fayard, 2018.

*bâtir la paix*, elle souhaite « conforter l'évolution vers les jeux coopératifs[1] ». Elle en décrit plus de trois cents qui proposent une « alternative à la manière courante de pratiquer l'élimination[2] » ; des jeux sans perdants ni gagnants qui ne visent qu'à « développer la confiance en soi, le respect de l'autre, la cohésion du groupe et la solidarité ». Tous ces jeux permettent de préparer, de former une intelligence d'équipe ; ils « apprennent aux enfants à travailler ensemble à un but commun, à s'entraider, à vivre de concert la victoire ou la défaite, et leur donnent l'occasion de communiquer entre eux, afin de trouver la collaboration la plus efficace ». Le programme de ces jeux forme l'enfant à l'écoute de l'autre, à la confiance dans l'échange, au plaisir de la coopération.

Parmi ses outils pédagogiques, Masheder partage la bonne pratique de « la disposition en cercle » qui égalise les conditions et « facilite le dialogue et le sentiment d'appartenance au groupe[3] ». Pour que les enfants se présentent, on trouve par exemple dans ses premiers jeux « la toile d'araignée géante » où chaque enfant donne son prénom en enroulant de façon originale une boule de ficelle autour de lui avant de la passer à un autre membre du groupe. Les enfants matérialisent ainsi leurs relations et leurs interdépendances d'équipe. « Quand

1. Mildred Masheder, *Jeux coopératifs pour bâtir la paix*, Université de Paix, 5e édition, 2004, p. 18.
2. *Ibid.*
3. *Ibid.*, p. 21.

tout le monde est attaché, le dernier se défait et repasse la boule à celui qui la lui avait lancée en l'appelant par son prénom[1]. » D'autres jeux font deviner à l'enfant ce qu'il a en commun avec son voisin, d'autres encore lui font présenter « l'animal qu'il aimerait être et la raison de son choix[2] ». Et l'équipe humaine s'agrandit du même coup. Ensemble, ils apprennent aussi à jouer comme un orchestre à percussions ou à imiter le souffle et les bruits de la nature, de l'atmosphère orageuse à l'explosion de la tempête et jusqu'au calme qu'ils regagnent tous ensuite. Ils découvrent en la jouant l'harmonie des écosystèmes naturels et du vivant, en commençant par leur corps qu'ils reproduisent collectivement, en dessinant tour à tour, la tête, le corps et les jambes d'un homme. Ils créent enfin à huit mains un paysage qu'ils découpent en puzzle ; une autre équipe doit s'organiser pour le recomposer. Des « mini-débats » émergent pour prendre les décisions en groupe, les enfants forment maintenant une équipe qui les dépasse tous.

Masheder conclut que ces jeux de société coopératifs sont « des jeux pour jouer ensemble, afin d'être partenaires dans la vie, au lieu d'être concurrents[3] ». Dans sa préface au livre, Thomas D'Ansembourg nous dit : « Si tu veux la paix, prépare-la. » Comme un *World Peace Game* pour

1. Mildred Masheder, *Jeux coopératifs pour bâtir la paix*, ouvr. cité, p. 30.
2. *Ibid.*, p. 35.
3. *Ibid.*, p. 251.

enfants, il écrit que « ce livre invite les citoyens de demain à apprendre à coopérer pour bien vivre : apprendre à goûter le plaisir de l'appartenance [...] et la puissance de la synergie[1] ». Ces jeux sont pour lui « le terreau d'une humanité beaucoup plus consciente, responsable et surtout joyeuse ». Par le jeu, les enfants font l'expérience de la cohésion et découvrent la possibilité d'être toujours ensemble, une seule équipe dont le simple sentiment d'appartenance suffit à leur joie. Sur la trace des travaux de l'anthropologue Margaret Mead, Terry Orlick, lui, a étudié le rôle des jeux coopératifs dans différentes cultures, notamment papoue, inuite ou chinoise. Il observe un « lien entre la fréquence de l'utilisation des jeux coopératifs et le caractère non violent[2] » de certaines cultures. Au Canada, il a montré comment ces jeux influencent le comportement des joueurs dans leur vie quotidienne et développent « la faculté d'évoluer en groupe ».

### *Covid-19 : un pour tous, tous contre un*

Ces jeux coopératifs sont toujours conçus pour « gagner les uns avec les autres ou pour perdre ensemble, contre un ennemi commun ». C'est le cas de *Pandémie*, un jeu de société créé en 2008 par Matt Leacock où les quatre joueurs ont

1. Mildred Masheder, *Jeux coopératifs pour bâtir la paix*, ouvr. cité, préface de Thomas d'Asembourg, p. 15.
2. *Ibid.*, p. 251, « Bref historique, du Canada à l'Allemagne ».

ensemble « le destin de l'humanité entre [leurs] mains ». Quatre maladies se répandent brutalement sur Terre et les joueurs doivent s'organiser pour trouver ensemble autant de remèdes avant qu'il ne soit trop tard. Chaque joueur a des compétences et pouvoirs différents ; à chaque tour, il peut échanger avec ses pairs et choisir avec eux de traiter une maladie ou de se déplacer. Comme dans le *World Game*, le plateau du jeu est une carte du monde qui illustre ses interdépendances ; dans *Pandémie*, les plus grandes villes sont reliées entre elles par autant de liaisons aériennes possibles qui sont autant de foyers de contamination probables. Dans cet *Éleusis* vital, les joueurs communiquent et jouent les uns avec les autres pour trouver la formule contre la montre, contre le jeu. C'est un jeu de société coopératif, pour la vie.

Quelques années après la création de ce jeu, l'irruption brutale de la pandémie de Covid-19 dépasse la fiction de Leacock ; elle bouleverse tous les jeux de Société en même temps. Sur cette même carte reliée par la toile de la mondialisation, le virus a pris de vitesse les villes, les pays puis les continents qu'il couvre au rythme de leurs échanges. Comme dans le jeu de Leacock, le virus met au défi la coopération internationale en matière de recherche et d'accès au soin. Rapidement, une course mondiale au vaccin s'organise. L'Organisation mondiale de la santé (OMS) qualifie la vaccination de « bien public mondial » dont l'accès doit être « universel et équitable » ; elle appelle à « consolider la coopération internationale » pour permettre « la mise en commun des informations, la recherche, ainsi que la production et la distribution locales, régionales et mondiales de moyens médicaux[1] ». Tout le monde est touché par le virus et chacun doit prendre part à la solution. La course au remède est lancée et l'OMS tâche d'en faire une course de relais collective pour tous les joueurs, contre un seul ennemi commun, le virus. Quelques mois plus tard, elle réclame un traité dont le principe « Un monde, une santé » trace aussi les liens entre les santés humaine, animale et planétaire, et dessine une seule équipe : le vivant contre le virus. Et pendant que ces instances internationales organisent leurs réponses globales, d'autres acteurs entrent en jeu :

> Ces dernières semaines, les chercheurs ont déterminé la structure de la protéine spike du coronavirus 2019 et comment elle se lie aux récepteurs humains. Si nous pouvons concevoir une protéine qui se lie à cette protéine du coronavirus, elle pourrait être employée pour bloquer l'interaction avec les cellules humaines et arrêter l'infection[2] !

Ces mots galvanisants de février 2020 n'introduisent pas une séance de l'OMS ni une édition

1. Tribune, « La Covid-19 met en évidence la nécessité d'une action conjointe pour renforcer la structure du secteur de la santé internationale », OMS, 30 mars 2021.
2. Message sur le site officiel du jeu Foldit (https://fold.it/) en février 2020.

spéciale coronavirus du jeu de société *Pandémie* ; ils ouvrent la nouvelle mission posée aux deux cent mille joueurs d'un autre jeu aux conséquences bien réelles, *Foldit*. Créé la même année que *Pandémie* grâce à la collaboration entre les départements d'informatique et de biochimie de l'université de Washington, *Foldit* est un jeu vidéo coopératif en ligne sur le repliement des protéines. Comprendre leur structure est nécessaire pour bien cibler l'action des médicaments, mais ses combinaisons de pliages sont incalculables. Pour dépasser les limites informatiques et humaines de leurs laboratoires, cette équipe transdisciplinaire transforme son défi en un puzzle en trois dimensions. À chaque coup, les joueurs ont la possibilité de tortiller la protéine dans une certaine direction ; la forme qui en résulte indique le score énergétique qu'ils doivent réduire à son minimum.

Accessible à tous, le puzzle traduit un problème scientifique complexe pour motiver le plus grand nombre. « Les joueurs apprennent tout ce qu'ils ont besoin de savoir simplement en jouant. Et les biochimistes ont tendance à ne pas mieux réussir que les profanes[1] », analyse le professeur Zoran Popovic dans la revue *Nature*. Chaque semaine de nouveaux puzzles sont proposés aux dizaines de milliers de cerveaux qui ont multiplié l'intelligence du laboratoire. En trois semaines seulement, la communauté

1. S. Cooper, F. Khatib, A. Treuille *et al.*, « Predicting protein structures with a multiplayer online game », *Nature*, n° 466, 2010, p. 756-760.

en ligne a résolu le puzzle de la protéase rétrovirale du virus M-PMV (Mason-Pfizer monkey virus) qui bloquait les chercheurs depuis plus de dix ans. Les joueurs sont alors cités comme coauteurs de la découverte dans la revue *Nature Structural & Molecular Biology*. En épousant la toile numérique avec son puzzle, le laboratoire de Washington a pris les dimensions du monde ; partout, il connecte et motive des joueurs qui forment ensemble et à distance une seule équipe pour la science.

L'émergence du Web et de ses réseaux de communication ont donné une nouvelle dimension à l'équipe humaine et à son intelligence collective ; pour le docteur en psychologie cognitive Émile Servan-Schreiber, « nous sommes à l'aube d'une nouvelle ère de l'intelligence [...] une ère supercollective où nos intelligences "groupées et organisées" peuvent bousculer l'univers[1] ». Avec son cerveau mondial dont les synapses connectent les bons joueurs entre eux au gré des missions, la foule en ligne gagne aux échecs et à *Foldit*, elle coconstruit la connaissance sur Wikipédia ou la cherche avec Google, moteur dont le premier algorithme mimait justement la recherche d'information dans la mémoire associative du cerveau humain[2].

L'intelligence du groupe dépend de la qualité de son réseau et de sa communication ; avec Internet, la machine permet aux hommes de créer des

1. Émile Servan-Schreiber, *Supercollectif*, ouvr. cité, p. 17.
2. *Ibid.*

équipes toujours nouvelles, des « super collectifs » réunis pour gagner ensemble. Comme l'espérait Fuller pour son *World Game*, grâce à la machine, les joueurs humains peuvent s'informer, communiquer et s'organiser partout pour mieux coopérer aux différentes échelles du jeu vivant. Interface entre les joueurs, la machine *joue* aussi avec eux ; au rythme de leurs échanges, son propre cerveau artificiel se développe et complète bientôt celui des hommes. En décembre 2018, est annoncé le classement de la 13e CASP[1] pour l'évaluation critique des techniques de prédiction de la structure des protéines : le gagnant s'appelle AlphaFold, c'est un logiciel d'intelligence artificielle développé par DeepMind, le laboratoire qui a battu le champion des hommes au jeu de go. Et comme pour le go, en novembre 2020, le logiciel est amélioré et bat largement son propre score : il remporte à nouveau le concours avec un niveau de précision inégalé. Le biologiste moléculaire Martin Beck commente : « AlphaFold change le jeu[2]. » Ce n'est pas la première fois qu'une machine bat l'homme à son propre jeu ; pourtant, au lieu de se résigner à perdre partout contre elle, l'homme peut aussi choisir de s'y allier pour agrandir son équipe et mieux jouer ensemble.

---

1. CASP est l'acronyme de *Critical Assessment of Techniques for Protein Structure Prediction*. Ce concours a lieu tous les deux ans et définit un cadre strict pour évaluer des méthodes de prédiction.

2. Ewen Callaway, « What's next for AlphaFold and the AI protein-folding revolution », *Nature*, 25 avril 2022.

### *Entre l'homme et la machine : le centaure au lieu du cyborg*

Après avoir perdu contre la machine d'IBM en 1997, frustré, Kasparov demande une revanche qu'il n'aura jamais. Inspiré, il renverse la table et propose un autre jeu d'échecs : « Et si au lieu de l'homme contre la machine, nous jouions comme partenaires[1] ? » Au lieu du jeu fini qui opposait toujours l'homme à la machine pour n'avoir qu'un vainqueur, il propose un jeu infini et coopératif pour faire progresser le jeu. Comme une évolution naturelle du jeu, les « échecs avancés » mettent ensemble des équipes homme-machine : chaque joueur humain a accès à un ordinateur et au logiciel d'échecs de son choix. « L'idée était de créer le plus haut niveau d'échecs jamais joué, une synthèse du meilleur de l'homme et de la machine[2]. » Cette synthèse, cette équipe homme-machine s'appellera Centaure, en référence à la créature mythologique grecque, mi-homme mi-cheval.

En 1998, à Léon, en Espagne, s'ouvre le premier match entre ces centaures. Garry Kasparov et le moteur *Fritz 5* rencontrent Veselin Topalov et *ChessBase 7.0*. Le champion du monde relatera combien l'expérience de ce duo est à la

1. Garry Kasparov, « The Chess Master and the Computer », art. cité.
2. *Ibid.*

fois « perturbante et excitante ». La mémoire et la puissance de calcul du logiciel galopant plus vite que lui, il peut se concentrer, à la tête de sa créature, sur l'invention de nouvelles stratégies. Propulsé comme son adversaire avec les mêmes bases de données, seule une « nouvelle idée » lui donnera l'avantage. À chaque coup, les logiciels aident leur joueur à projeter les conséquences de leur choix et ses alternatives. « Une fois cette tâche accomplie, nous avons pu nous concentrer sur la planification stratégique au lieu de passer autant de temps à faire des calculs[1]. » Symbolisant le progrès du jeu lui-même dans cette configuration de la coopération homme-machine, le match s'achève à égalité : 3-3. Leur précédente rencontre d'homme à homme avait vu Kasparov l'emporter 4-0. Ce dernier commente : « Mon avantage dans le calcul des tactiques avait été annulé par la machine[2]. »

Dans la mythologie, le centaure n'est pas composé de parties aléatoires entre le cheval et l'homme ; c'est un cheval au buste et à la tête d'homme. Il a la force et la vitesse du premier, l'agilité et l'esprit du second. La créature hybride a combiné les avantages comparatifs de chacune des parties, elle a annulé les faiblesses relatives de l'un par les forces de l'autre. Aux échecs aussi, la machine permet à l'homme de se concentrer sur ses avantages

1. Garry Kasparov, « The Chess Master and the Computer », art. cité.

2. *Ibid.*

comparatifs, ses atouts créatifs selon Kasparov : « La créativité humaine était encore plus primordiale dans ces conditions[1]. » C'est aussi son questionnement et sa sensibilité qui sont valorisés dans le jeu, plus que son calcul, voire son raisonnement.

Dans les années 1980, le chercheur Hans Moravec a formulé ce paradoxe selon lequel la machine avait plus de difficultés sur des tâches faciles pour l'homme, et inversement. Dans tous ses jeux, là où la machine surperforme dans le champ de la logique, l'homme excelle en termes d'intuition et dans les tâches « sensorimotrices » pour se repérer et se déplacer dans un environnement donné ou encore pour lancer et recevoir une balle. Dans ces compétitions de centaures, c'est d'ailleurs toujours le joueur humain qui déplace le pion sur l'échiquier. Selon Moravec, le paradoxe s'explique par le jeu infini de l'évolution. Chez l'homme, les fonctionnalités biologiques puis sociales – celles des sens qui lui permettent de survivre – sont les plus anciennes ; elles ont été perfectionnées au cours de millions d'années. Désormais acquises et assimilées comme des réflexes, elles ne demandent plus à l'homme autant d'efforts que les facultés de raisonnement, apparues plus récemment dans son évolution. Aux machines la mémoire, la logique, le calcul, à l'homme l'intuition, l'empathie, la créativité. Ensemble, ils forment une intelligence hybride et renforcée, une équipe aux rôles complémentaires.

---

1. Garry Kasparov, « The Chess Master and the Computer », art. cité.

Le modèle du centaure dépasse ainsi les échecs et permet à la coopération homme-machine de gagner du terrain. Quelques mois après la victoire d'AlphaFold au concours de prédiction des protéines, les concepteurs de *Foldit* intègrent la possibilité d'être assisté par logiciel dans le jeu. La machine se concentre sur la prédiction de la structure des protéines, l'homme sur leur design. Dans ce jeu coopératif pour la vie, le modèle du centaure rappelle le nom du premier médecin grec, Hippocrate, soit « la force du cheval ».

Au cœur de la pandémie de Covid-19, la découverte rapide des vaccins a aussi profité de l'accélération récente de l'intelligence artificielle. Différentes équipes de centaures alliaient ainsi l'expertise humaine en santé à la puissance d'exploration et de raisonnement des machines. Le capitaine d'une de ses équipes, Moderna, a pu inventer une nouvelle réponse au virus en quelques semaines seulement grâce à cette complémentarité radicale ; il raconte avoir bâti une « usine d'IA, afin de faire passer rapidement les algorithmes du concept à la production, pour permettre à nos scientifiques de tirer parti de la puissance de l'IA dans leur travail quotidien[1] ».

Seulement, cette victoire n'était pas le fait d'un seul centaure ni d'une seule équipe ; la vitesse de la découverte a pu répondre à la vitesse du virus grâce au concours de l'*intelligence collective*. Pendant que le virus se répandait dans le monde, des équipes

1. Asha Barbaschow, « Comment le laboratoire Moderna s'appuie sur l'IA pour révolutionner la santé », ZDNet.fr, 18 mai 2021.

partageaient partout leurs recherches pour accélérer et améliorer leur remède. C'est l'accès aux différentes intelligences, humaine, collective et artificielle, et leur bonne combinaison qui ont permis à la vie de l'emporter.

En 2005, une compétition d'échecs préfigurait la performance de ces équipes hybrides et plurielles. Tous les joueurs et toutes les formes d'équipes étaient invités : des grands maîtres seuls, des logiciels seuls, des centaures, des équipes strictement humaines et des équipes hybrides avec plusieurs hommes et plusieurs logiciels ensemble. Rapidement, les centaures battirent les grands maîtres, mais aussi les logiciels seuls. L'alliance de l'homme et de la machine prouvait sa complémentarité et supériorité ; Kasparov commente : « L'orientation stratégique humaine combinée à l'acuité tactique d'un ordinateur était écrasante[1]. » Mais la véritable surprise arriva à la fin de la compétition : le vainqueur du tournoi n'était pas le centaure que l'on imaginait, un grand maître avec le meilleur ordinateur. C'était une équipe de deux amateurs humains avec trois ordinateurs standards. L'avantage comparatif des deux hommes résidait selon Kasparov dans leur « capacité à manipuler et à entraîner leurs ordinateurs à examiner très profondément les positions[2] ».

Ensemble, ils avaient un avantage absolu, un jeu complet. Kasparov conclut par la formule :

1. Garry Kasparov, « The Chess Master and the Computer », art. cité.

2. *Ibid.*

« Un humain faible + machine + meilleur processus était supérieur à un fort ordinateur seul, et plus remarquablement à un humain fort + machine + processus inférieur. » C'est la conversation continue entre les deux hommes et les trois machines qui a gagné. À chaque proposition où les humains convergeaient, les ordinateurs calculaient chacun les risques et les bénéfices qui aidaient en retour les humains à préciser leur position ou leur nouvelle proposition pour la machine. Leur équipe n'était pas la simple juxtaposition de leurs forces, ce n'était pas qu'une cohabitation entre les meilleurs de chaque espèce. C'était une combinaison inédite, à chaque coup renouvelé selon que tous les joueurs de l'équipe convergent ou que certains seulement soient sollicités. C'était une coopération intime entre les hommes et les machines, un échange bilatéral continu qui renforçait chaque équipe à chaque coup.

À les regarder jouer ensemble, une répartition simple émergeait entre les espèces : les hommes posaient des *questions*, les machines généraient des *réponses*. Mais le dialogue ne s'arrêtait pas là ; pour mieux choisir leur coup, les hommes répondaient à leur tour par une autre question. Et la conversation continuait par itérations successives jusqu'au plébiscite de l'équipe et à la décision finale. Les hommes « entraînaient » ainsi les machines à répondre autant qu'elles les entraînaient en retour à préciser leur questionnement. Leur synergie se lisait dans leur dialogue continu. Avec de meilleures questions et de meilleures réponses, ils découvraient ensemble une profondeur nouvelle dans le jeu, des coups jusque-là inconnus[1].

Dans notre *Éleusis* à la règle plurielle, il faut aussi que la coopération soit plurielle pour que le jeu continue. Selon les parties, les joueurs humains et les machines s'organisent pour former ensemble les bonnes équipes et combiner leurs intelligences. Ils ne jouent pas les uns contre les autres, ni l'un après l'autre, mais ensemble, selon des partitions toujours différentes. Avec les progrès récents de l'intelligence artificielle, la machine a gagné du terrain sur des qualités que l'on ne croyait qu'humaines. Dans le jeu total qui oppose la machine à l'homme, on prédit la victoire certaine des premiers contre les seconds et bientôt le remplacement des joueurs désuets par leurs super-jouets. On y attend le point de bascule, la singularité technologique qui sacrera la seule intelligence artificielle. Dans le jeu vivant, au contraire, les performances de la machine sont applaudies par ses coéquipiers humains. Ne jouant pas l'un contre l'autre, mais ensemble pour le jeu, les joueurs voient seulement leur force collective augmenter ; dans ce jeu-là, l'intelligence artificielle ne remplace pas l'intelligence humaine, elle l'assiste toujours mieux pour élever encore le niveau de jeu. Souvent, les centaures et les équipes hybrides continuent de dominer le jeu ; parfois, l'intelligence artificielle répondra seule et juste du premier coup, mais la question initiale

1. Garry Kasparov, « The Chess Master and the Computer », art. cité.

comme le choix de l'action finale doit encore revenir à son coéquipier humain.

Au lieu de la singularité technologique du jeu fini qui réduit tout à la seule intelligence des machines, le jeu vivant s'appuie sur la pluralité naturelle des joueurs pour progresser avec eux. Au lieu de *Terminator* : *Star Trek*. Dans cette science-fiction-là, le jeu technologique est vivant. À la tête du vaisseau *Enterprise*, réunis pour répandre la paix dans les galaxies, un humain d'intelligence moyenne – le capitaine Kirk – est assisté d'une intelligence qu'on pourrait dire artificielle – Spock – un Vulcain aux capacités statistiques hors norme. Comme pour l'équipe gagnante des échecs libres, la bonne combinaison trouvée par l'équipage est de garder l'humain aux commandes – de laisser, face aux mystères de l'espace, son intuition poser les questions à Spock qui génère en échange des réponses possibles. La décision finale comme la question initiale reviennent aussi à l'homme, à la tête du vaisseau, à la tête du centaure qui a conservé ses bonnes proportions. Si la puissance galopante de la machine perturbe parfois les habitudes du jeu humain, elle lui permet surtout de se déplacer pour se renouveler.

Kasparov parlait de la « créativité » comme vertu fondamentalement humaine. Pourtant, même cette capacité à « appliquer l'imagination[1] »

1. Expression empruntée à Alex Osborn dans *Applied Imagination : Principles and Procedures of Creative Problem-Solving*, Charles Scribner's Sons, 1953.

pour résoudre des problèmes de façon originale est aujourd'hui discutée par la machine. C'est le champ de l'*imagination artificielle*[1]. Des logiciels de design génératif renversent par exemple le processus créatif séquentiel, de l'idéation à la conception, en ne sollicitant de l'homme que l'objectif et les contraintes de création d'un objet, pas son dessin ; que le but et les règles du jeu, pas le jeu. La machine va cartographier une immensité de permutations possibles pour sa solution, parfois des millions de formes qui répondront précisément à la demande du créateur. Dans toutes ces réponses, il « n'aura plus qu'à » choisir celle qui lui parle le mieux. L'homme créateur est devenu curateur, mais comme Kirk, il est toujours maître à bord, de la question posée à la réponse choisie. En tant que moteurs de production d'images originales, d'autres logiciels encore prétendent à l'imagination artificielle. L'homme y formule une requête écrite que la machine traduit rapidement en quatre images possibles. Et le dialogue peut continuer pour faire jouer leurs millions de variations. Comme un écho à notre créature mi-homme mi-cheval qui explore les possibles, l'un de ces logiciels s'appelle *Midjourney* (« mi-parcours »). C'est certes la machine qui génère l'image, mais l'homme a fait la moitié du chemin, la plus importante en

1. Expression empruntée au séminaire Postdigital de l'ENS Ulm, initié par Béatrice Joyeux-Prunel et Alexandre Cadain, « l'imagination artificielle » était l'objet de recherche du séminaire en 2017-2018 porté avec Grégory Chatonsky.

réalité, celle sans laquelle il n'y aurait rien. Sur ce logiciel d'ailleurs, les hommes jouent ensemble et peuvent choisir de démarrer leur création avec celle d'un autre – ainsi que tous les futurs maîtres ont débuté dans leur art. Grandissent ainsi des arbres monumentaux d'œuvres infinies où l'intelligence collective et celle des machines jouent ensemble à en agrandir la ramure, à repousser les frontières de la création. Le but du jeu est infini, la règle plurielle et l'interaction coopérative ; c'est un jeu vivant.

*Figure 7. Images générées par Midjourney, version 5, avec la commande « un jeu vivant »*

L'univers des jeux vidéo aussi a rencontré les vertus de la création hybride. Aux échecs comme au go, la machine a permis de renouveler le jeu, de trouver de nouvelles voies sur les mêmes plateaux millénaires et finis. Elle offre à son coéquipier humain le « vrai voyage » de Proust, l'exploration du même endroit avec de nouveaux yeux. Il y a pour ces jeux plus de combinaisons possibles que d'étoiles et même d'atomes dans l'univers ; avec la machine, l'homme part à leur découverte. Dans les mondes ouverts des jeux vidéo, l'ordinateur accompagne aussi l'exploration continue des joueurs. Dans *Minecraft*, par exemple, un joueur humain a entrepris de rejoindre le bout du monde depuis son centre en faisant marcher son personnage toujours tout droit. Quatre ans et 2 266 kilomètres de montagnes, mers et monstres pixelisés plus loin, il n'aperçoit toujours pas les Far Lands, les dernières falaises du jeu… Avec ses 3,6 milliards de kilomètres carrés, le monde de *Minecraft* le condamnerait à marcher encore toute sa vie.

Il n'y a pourtant qu'un seul homme derrière la construction du jeu : le Suédois Markus Persson, alias Notch. Ou plutôt un seul centaure puisque le créateur a fait équipe avec un logiciel informatique de génération procédurale qui lui permet d'automatiser la création de contenus numériques à très grande échelle. Autour du joueur, tous les paysages se génèrent au fur et à mesure de son exploration ; une fois créé et visité, le lieu est conservé dans la mémoire du jeu. Pour garantir à la fois la diversité et la cohérence des paysages, le concepteur humain entraîne son algorithme à mimer la nature ; l'horizon court au rythme de la suite de nombres aléatoires de Fibonacci, les collines et les montagnes se dressent et se brisent en fractales. Comme un chef d'orchestre, le concepteur humain anime sa création avec la machine ; ensemble, ils essaient, ils trouvent, ils répètent et jouent la partition d'un monde virtuel qui n'a pas trouvé de meilleur modèle que le monde vivant. Quelques années après la création de *Minecraft*, le jeu *No Man's Sky* change d'échelle en générant automatiquement un univers de dix-huit quintillions de planètes et de lunes. Il faudrait à ses joueurs 584 milliards d'années pour les explorer toutes.

Dans le jeu total qui les opposait, à force de jouer *contre* la machine, l'homme finissait par jouer *comme* elle. Dans le jeu vivant au contraire, la coopération avec la machine libère l'homme ; elle l'entraîne à le devenir. Au lieu de se fondre en elle, il cultive son humanité en se séparant de la « part machinale » de ses jeux quotidiens. Il se consacre à sa puissance de questionnement et entraîne en retour la machine dans ses réponses. Comme avec le logiciel ChatGPT, il converse avec la machine pour chercher plus loin grâce à la « mémoire du monde ». Inactif parfois, il la laisse jouer des parties entières pour mieux gagner ensemble. Le monde ne tourne plus autour de l'homme ; il n'a plus même besoin de lui pour jouer. Dans notre *Éleusis*, l'homme fait équipe avec la machine et grâce à elle, avec les autres joueurs qu'elle écoute et qu'elle comprend. Alliée de l'homme et interprète du monde, elle lui permet d'explorer ses angles morts et de déchiffrer des pans de la complexité mystérieuse du vivant. Grâce à leur langage commun, à leur alphabet numérique, la machine révèle par endroits « la beauté computationnelle de la nature[1] » pour mieux s'en inspirer et coopérer avec elle. Avec la machine pour interprète, l'homme trouve la pluralité du monde et peut maintenant jouer avec.

### *Entre tout le vivant : la symbiose hyper-collective*

Dans *Everything*, le joueur rencontre *tout le monde*. À chaque fois qu'il s'approche d'une chose, il s'enrichit de son point de vue et de ses qualités qu'il ajoute à ses propres connaissances et savoir-faire. Selon son chemin, il pourra solliciter la mémoire de la pierre, les ailes de l'oiseau ou les nageoires du poisson. Petit à petit, en reliant toutes les choses entre elles, il remplit son encyclopédie et complète son équipe. Il ne joue jamais seul, mais toujours plus nombreux,

1. Gary William Flake, *The Computational Beauty of Nature: Computer Explorations of Fractals, Chaos, Complex Systems, and Adaptation*, The MIT Press, 1998.

il met en œuvre une *intelligence hyper-collective*. Là où l'intelligence collective du groupe humain profite de la diversité des origines et des opinions de chacun, l'intelligence hyper-collective du vivant met ensemble la richesse de la plus grande diversité possible, celle du vivant : la *biodiversité*. Une équipe de plus de deux millions d'espèces qui jouent et gagnent depuis parfois quatre milliards d'années ; une bibliothèque vivante qui compile les stratégies gagnantes de l'évolution naturelle. De la barge rousse, oiseau migrateur qui parcourt dix mille kilomètres en dix jours sans pause, à l'éponge de verre, qui vit paisiblement depuis plus de dix mille ans, en passant par les feuilles du lotus que l'eau ne peut pas mouiller, la vie a inventé des coups de maître pour que son jeu continue.

L'équipe du vivant et sa bibliothèque des possibles comptent partout sur cette extraordinaire diversité d'espèces, mais aussi d'interactions entre elles. Selon le spécialiste français de la biodiversité, Jacques Weber, ces relations sont même le ressort principal de cette diversité du vivant : « La biodiversité n'est pas une somme d'espèces, mais une somme d'*interactions* entre organismes, parfois même au sein d'une même espèce[1]. » Des interactions qui peuvent être négatives, neutres ou bénéfiques pour l'une ou l'autre ou l'une et l'autre des parties. Lorsque la relation est mutuellement

1. Cité par Gauthier Chapelle et Michèle Decoust, *Le Vivant comme modèle. La voix du biomimétisme*, Albin Michel, 2015, p. 137.

bénéfique, lorsqu'elle avantage les deux espèces, c'est la *symbiose*, la « vie ensemble ». « C'est le cas du poisson-clown qui livre un surplus de nourriture à l'anémone de mer en échange de sa protection, ou de la multitude de fleurs qui produisent du nectar pour attirer et nourrir les insectes, en contrepartie des échanges de pollen[1]. »

Dans le jeu vivant, la *symbiose* est une configuration « gagnant-gagnant », un jeu à somme positive pour ses joueurs qui coopèrent désormais comme une seule équipe. Selon Gauthier Chapelle, c'est même la configuration privilégiée par la vie : « Les innovations majeures de l'évolution du vivant résultent de symbioses, et représentent souvent de véritables sauts de complexité par rapport aux micro-innovations générées par la prédation ou la compétition. » Selon le biologiste, c'est précisément la vie même avec la multicellularité qui a démarré par « l'innovation de rupture par excellence : transformer la relation de prédation en une relation de coopération » entre des bactéries aquatiques ; « le pacte qu'elles ont signé a permis aux anciennes proies de rester vivantes, mais aussi de bénéficier de l'efficacité de la respiration de leurs hôtes, naguère prédateurs, ancêtres des mitochondries, tout en leur livrant en retour les ressources nécessaires[2] ». Comme l'intelligence collective, l'intelligence

1. Gauthier Chapelle et Michèle Decoust, *Le Vivant comme modèle. La voix du biomimétisme*, ouvr. cité, p. 248.
2. *Ibid.*, p. 254.

hyper-collective dépend ainsi du niveau de communication entre ses parties, de la qualité de leur réseau. L'intelligence du vivant est alors supérieure à la somme de ses parties, aussi diverses soient-elles, elle grandit grâce à toutes ses connexions.

*La création interespèce*

Au fil des rencontres dans *Everything*, le joueur découvre et rassemble des centaines de choses, minérales, végétales, animales. Mais il y a un « éléphant dans la pièce » ; tout au long du jeu, il semble manquer une espèce : l'humain. Comme si David O'Reilly, le créateur du jeu, l'avait oublié, comme Épiméthée avant lui. Dans la mythologie grecque, juste avant que Zeus n'éclaire le monde, le Titan Épiméthée s'est chargé de répartir les qualités et les défauts entre tous les animaux ; quand ce fut le tour de l'homme, le Titan n'a plus rien à lui donner, il a tout distribué. L'homme était nu et fragile. Il était donc condamné à « faire avec », à coopérer avec d'autres espèces pour survivre. En réalité, il y a bien un homme dans *Everything*, il est même toujours là ; derrière l'écran, c'est le joueur qui anime tout. Seulement, comme après la faute d'Épiméthée, l'homme est nu et s'habille pour le jeu des atouts et faiblesses des autres choses qu'il incarne une à une et toutes ensemble. Pour que son jeu continue, il devient toujours un autre.

Comme Léonard de Vinci imaginait une machine volante à partir des ailes de l'oiseau, l'homme s'inspire du vivant et tente d'en reproduire l'intelligence distribuée. À son espèce, l'inventeur conseillait ainsi : « Va prendre tes leçons dans la nature. C'est là qu'est notre futur. » Par endroits, nos jeux de Société se sont effectivement inspirés de la vie naturelle, de ses formes et de ses matériaux. Au Japon, le train Shinkansen perce le vent en silence avec son bec de martin-pêcheur et ses ailes dentelées de hibou quand la feuille imperméable du lotus inspire les technologies présentes dans nos vitres et peintures ; au Zimbabwe, l'immeuble Eastgate Building se réclame des architectures ventilées des termitières pour autoréguler l'air et la température[1]. Ces exemples de réalisations humaines illustrent la stratégie du « biomimétisme » que Janine M. Benyus définissait en 1997 comme « une démarche d'innovation, qui fait appel au transfert et à l'adaptation des principes et stratégies élaborés par les organismes vivants et les écosystèmes, afin de produire des biens et des services de manière durable, et rendre les sociétés humaines compatibles avec la biosphère[2] ». Le biomimétisme permet à l'homme de rendre ses jeux de Société compatibles avec la nature, de les y intégrer en suivant son but et en appliquant ce qu'il découvre sans cesse de ses règles. Plus qu'un mode de jeu, c'est une condition du jeu vivant. Pour réussir sa grande transformation, l'homme doit s'ouvrir et *se déplacer*, se mettre à la

1. Gilles Bœuf, « Biomimétisme et bio-inspiration », *Vraiment durable*, 2014/1, n° 5-6, p. 52.

2. Janine M. Benyus, *Biomimétisme. Quand la nature inspire des innovations durables*, Rue de l'Échiquier, 2011.

place de l'autre pour le comprendre et le mimer. C'est l'homme derrière la vache dans *Everything*, Vinci sous les ailes de l'oiseau, l'enfant des activités de Masheder qui se présente à ses camarades de classe à travers l'animal de son choix.

### *Les toiles hybrides des araignées de Saraceno*

L'homme n'est plus au-dessus du vivant qu'il croyait dominer et qu'il exploitait dans le jeu total ; il est *dedans*, lié avec humilité, renforcé par tous ses coéquipiers possibles du jeu vivant. Pour mieux jouer ensemble et pouvoir coopérer avec tous, il cherche les règles du vivant par-delà ses formes et ses matériaux, dans les interactions des écosystèmes. Conscient de ses interdépendances, il apprend comme l'enfant de Masheder à communiquer avec chacun en tissant entre tout une toile vibrante. C'est l'exercice que l'artiste argentin Tomás Saraceno poursuit en créant ses œuvres *avec* des araignées. Ses « toiles » ne peuvent être encadrées, elles sont continuellement tissées en trois dimensions par différentes espèces d'arachnides. En 2018, pour son exposition « ON AIR » au Palais de Tokyo, l'artiste plonge le visiteur dans l'obscurité. Les points de lumière font apparaître soixante-seize « toiles » comme autant de petits univers tissés en temps réel par des espèces d'araignées solitaires et sociales, originaires des quatre coins du monde, réunies par l'artiste. Ensemble, elles tissent des univers à géométrie variable, des compositions denses ou lâches, qui les relient toujours et forment leur habitat commun. Ensemble, elles créent des « toiles hybrides » : c'est une rencontre interespèce, entre les araignées d'abord, avec l'homme ensuite.

*Figure 8. Toiles hybrides, exposition « ON AIR », Palais de Tokyo, 2018*

Si l'exceptionnelle ténacité[1] de la soie de l'araignée inspire toujours l'homme pour ses matériaux,

1. Gauthier Chapelle et Michèle Decoust, *Le Vivant comme modèle. La voix du biomimétisme*, ouvr. cité, p. 191.

Saraceno ne tente pas de la reproduire, il crée directement avec elle et son premier auteur, cet animal qui peut produire jusqu'à un mètre de fil par seconde. Ce qui inspire Saraceno, c'est « l'intelligence sociale des araignées[1] », aveugles et sourdes et dont les toiles étendent leur champ de perception et de cognition[2]. Filets invisibles pour ses proies, les toiles œuvrent comme un véritable réseau de communication avec ses pairs, un cerveau partagé. Saraceno en fait une œuvre collective : quand une vibration lumineuse vient jouer avec un fil, l'air déplacé par le visiteur anime la toile et le rend à son tour acteur de l'instrument de musique commun. Le joueur est immergé dans un jeu vivant qui n'a d'autre but que d'être toujours tissé avec ses univers en formation continue, reliés par les fils et la lumière, sans direction ni hiérarchie, comme la carte de Fuller. Un jeu commun et coopératif où les différentes espèces œuvrent ensemble au point de cosigner chaque toile. Après le « tous artistes » de Beuys qui invitait tous les hommes dans la sculpture sociale, Saraceno ouvre la possibilité du « tout artiste » où différentes espèces tissent l'univers ensemble. Après la cohabitation avec le coyote, la cocréation avec l'araignée.

Comme dans *Everything*, chez Saraceno, le joueur humain se déplace de toile en toile avec

1. Rebecca Lamarche-Vadel, « "On Air" – Interview de Tomás Saraceno », *Palais*, n° 28, p. 13.

2. H.F. Japyassú, K.N. Laland, « Extended Spider Cognition », *Animal Cognition*, n° 20, 2017, p. 375-395.

le point de vue de l'araignée. L'artiste amplifie aussi les vibrations provoquées par l'air sur les fils et réduit la voix et l'image humaines. Saraceno donne au joueur ce que Guillaume Logé appelle « la perspective symbiotique », le point de vue hybride et spécifique de cette « coproduction d'un homme et du vivant[1] ». C'est l'homme qui a initié « la relation diplomatique grâce au savoir qu'il a acquis sur leur comportement et la manière dont les espèces cohabitent entre elles ». Une fois positionnée, « l'araignée prend l'initiative du jeu diplomatique[2] ». Pour l'auteur, cette œuvre symbolise ce qu'il appelle la « Renaissance sauvage », une ère de reconnexion à la nature, une ère de cocréation pour refermer celle de la destruction. Pour ce jeu infini, il rappelle notamment l'importance du *non finito*, « comme pour la Renaissance italienne : le réel relève d'une dynamique qui joue en continu. Rien n'est achevé, car tout évolue dans l'interaction d'un devenir. Il y a bien coprésence de tous les possibles, actualisés et potentialisés : le jeu des araignées opère le passage des uns aux autres [...] Leur travail se réinvente en permanence en fonction du travail des autres araignées et des manipulations homéopathiques de l'artiste. [...] La toile émerge des perspectives qui interagissent les unes avec les autres[3] ». Grâce

1. Guillaume Logé, *Renaissance sauvage. L'art de l'Anthropocène*, PUF, 2019, p. 159.
2. *Ibid.*, p. 163.
3. *Ibid.*

à la coopération des espèces, le jeu se renouvelle toujours, il continue sa possibilité.

### *Le grand jazz : de la Terre à la terre*

Des toiles d'araignée aux reflets de l'univers, l'artiste met en scène une création collective où tout participe. Dans une salle blanche, des cordes noires plus ou moins épaisses relient les murs au plafond et le sol à d'autres murs. Les joueurs humains passent et jouent plus ou moins volontairement, en caressant la harpe géante ou en se jetant dans ses filets qui émettent des sons chaque fois différents. L'homme est araignée, cette fois ni proie ni prédateur, mais joueur d'une partie de cette drôle de symphonie. L'artiste partageait ainsi son intention : « Des interactions jailliront, espérons-le, de l'improvisation, de la spontanéité, de l'immédiateté. » Ces relations nouvelles joueraient une « *jam session* cosmique » qui entraîne « à savoir jouer ensemble dans un écosystème en devenir, toujours contingent et en évolution permanente, en suivant plusieurs rythmes et trajectoires… pour assembler un ensemble d'univers[1] ».

Les dernières découvertes biologiques révèlent que la symbiose compose partout la vie. « Les nouvelles technologies telles que la réaction en chaîne par polymérase […] continuent de transformer radicalement nos conceptions de la biosphère

1. Rebecca Lamarche-Vadel, art. cité.

de la planète. Elles ont non seulement révélé un monde microbien d'une diversité bien plus grande qu'on ne l'imaginait auparavant, mais aussi un monde de relations complexes et entremêlées – non seulement entre les microbes, mais aussi entre la vie microscopique et macroscopique[1]. » La symbiose parcourt la vie de cellule en cellule et de corps en corps au point de « brouiller les frontières de l'organisme et d'obscurcir la notion d'identité essentielle[2] ». Biologiquement donc, le joueur n'appartient pas à une équipe finie, il est traversé par toutes les couleurs ; toujours pluriel, il est tous les joueurs à la fois comme il n'y a qu'une seule équipe vivante. Pour cette équipe sans frontières, la *jam* de Saraceno « sonne comme un hymne postnational, posthumain, un aperçu du monde comme polyphonie mé-tissée... son irréductibilité et l'impossibilité de la connaître pleinement jouant avec nos univers perceptifs... simultanément[3] ».

Dans *Everything*, le joueur découvre progressivement que son encyclopédie se joue comme une partition, que tout joue ensemble – de l'atome à l'univers en passant par l'ours brun – dans un « grand jazz » universel. Saraceno plonge aussi les joueurs dans une composition collective et infinie du monde, sous un

---

1. Scott F. Gilbert *et al.*, « A Symbiotic View of Life: We Have Never Been Individuals », *The Quarterly Review of Biology*, vol. 87, n° 4, décembre 2012, p. 326.
2. *Ibid.*
3. Rebecca Lamarche-Vadel, art. cité.

chaos symphonique, dans une harmonie créatrice à laquelle leur seule présence contribue. Il a créé l'instrument à cordes qui relie tout et retrouve le mot de Pierre Montebello selon lequel « pour mettre fin à la désertification du cosmos, il aura fallu retisser les fils coupés de la matière à la vie, des vivants aux hommes, des choses aux hybrides[1] ».

Dans le jeu vivant, ce grand jazz entre les espèces redessine le rapport de l'homme à la terre. Au lieu du plateau uniforme et des cases artificielles qu'il a tracés sur le sol exploité, étouffé, il peut cultiver la terre au rythme des saisons grâce à l'intelligence hyper-collective du vivant. En observant les écosystèmes naturels, en les imitant, l'homme conçoit un jeu circulaire qui optimise ses ressources, une agriculture régénératrice. Comme Saraceno a mis dans la salle blanche les toiles d'araignée à l'échelle humaine, l'agriculteur adapte sa compréhension des interactions naturelles à son terrain de jeu ; il n'exploite pas la nature, il travaille avec elle, il l'amplifie comme le micro posé par l'artiste entre les fils de soie. Pour qualifier cette culture collective qui s'inspire des relations naturelles pour garantir une production soutenable et résiliente, le docteur en agronomie Éric Malézieux parle d'« écomimétisme[2] ». Parmi ses principes fondamentaux, contre la monoculture du jeu total, il

---

1. Pierre Montebello, *Métaphysiques cosmomorphes*, Les presses du réel, 2015, p. 88.

2. Gauthier Chapelle et Michèle Decoust, *Le Vivant comme modèle*, ouvr. cité, p. 233.

relève la synergie entre les espèces de plantes par exemple pour la permaculture ou l'agroforesterie. Il faut aussi « favoriser les collaborations plutôt que la compétition entre plantes » ; les légumineuses permettant par exemple de « fixer l'azote atmosphérique grâce à leur symbiose avec les bactéries de type Rhizobium[1] ». D'autres plantes permettront aussi de contrôler les rongeurs et les maladies. Enfin, pour se protéger des dérèglements climatiques, il rappelle le rôle central de l'arbre pour une « agriculture de l'imprévisible[2] ». En combinant les bonnes équipes et en les laissant jouer ensemble, l'agriculteur trouve des règles nouvelles au gré des terres et des saisons. Comme Saraceno, il initie un jeu diplomatique, un grand jazz qu'il accompagne pour mieux s'adapter et continuer à jouer.

Dans les jeux vivants, l'homme découvre une coopération universelle, un monde où tout s'échange et rien ne s'enferme, un hyper-collectif dont l'intelligence dépend encore de la qualité de son réseau de communication. Nu comme un ver après la faute d'Épiméthée, l'homme put compter sur son frère pour survivre. Pour le réchauffer, Prométhée s'en alla voler le feu aux dieux ; c'était la première technologie. Depuis, l'homme s'est parfois brûlé, mais comme l'araignée avec sa *toile*, il a étendu sa

---

1. Gauthier Chapelle et Michèle Decoust, *Le Vivant comme modèle. La voix du biomimétisme*, ouvr. cité, p. 234.
2. *Ibid.*, p. 237.

sensibilité et sa connaissance au point d'étirer son cerveau aux dimensions du monde avec le World Wide Web. La machine devient pour l'homme un interprète, un allié pour la compréhension du monde et son exploration. C'est le cheval de Kasparov, le micro de Saraceno, la météo de l'agriculteur, la traductrice de Berenguer.

Dans son *G5* interespèce, la machine est d'ailleurs une espèce comme les autres ou plutôt entre les autres, elle interprète les messages et les partage ; comme un fil conducteur entre tout, elle garantit la communication interespèce et partant la possibilité d'une coopération universelle, d'une intelligence hyper-collective. Propulsé par les symbioses, l'hybride prend aussi la parole grâce à celle qui les associe tous. Comme interface entre l'homme et le monde, elle permet *la métamorphose du jeu*. Les logiciels d'imagination artificielle qui assistent l'homme dans ses créations indiquent la même voie : interrogés sur la forme optimale d'un objet volant, ils répondent avec le squelette d'un aigle et retrouvent la leçon de Vinci. À chercher ensemble les stratégies et les règles du jeu vivant, l'homme et la machine retrouvent les lois et les codes de la nature.

Notre *Éleusis* est complet. Pour que le jeu vivant continue, il faut trouver les règles qui ne cessent d'évoluer. Toutes et tous coopèrent et jouent ensemble en mode libre, pour dessiner à chaque partie la bonne combinaison d'intelligences, la bonne équipe avant le prochain tour. Au fil des parties, des victoires collectives et de la joie partagée, quelque chose d'autre se joue en continu ; un air universel et paisible, pourtant improvisé... c'est le grand jazz cosmique.

*Ouverture*

# Déjouer la fin

Dans le désert, au loin, je vois un enfant qui joue avec un nuage. Intrigué par sa danse, je fais quelques pas et j'aperçois un fil qui les relie. Le nuage est un cerf-volant. Le vent les rapproche de moi quand, soudain, l'enfant s'envole avec lui. Je cours pour le sauver et je découvre que l'enfant et le cerf-volant sont grands : ce sont en fait un adulte et un ballon blanc. J'entends applaudir et je vois maintenant d'autres « grands enfants » au sol, le sourire à leur ami volant. Cet envol est une œuvre collective, une sculpture sociale initiée par l'artiste Tomás Saraceno, matérialisée par ce grand ballon blanc qui danse avec les nuages.

En réunissant une équipe de chercheurs, artistes et activistes de différents horizons, Saraceno démarrait un jeu *coopératif* entre ces hommes et la nature. Le but était de voler sans énergies fossiles, de trouver la règle qui n'élève l'homme et son ballon qu'avec l'air et le soleil. Grâce aux différences de température entre l'intérieur et l'extérieur du ballon, il se gonfle à mesure que le soleil se lève et s'engage bientôt dans les chemins invisibles de l'air en mouvement. Inspirée par une araignée (qui lui a soufflé la règle) capable avec son fil de s'élever à six kilomètres d'altitude, l'équipe interespèce sollicite aussi la machine pour mieux naviguer sur « les autoroutes » du vent. Selon l'altitude et le jour, les voies sont toujours nouvelles, les règles de navigation différentes ; pour les trouver, les hommes interrogent leur *Float Predictor*, une machine qui calcule les trajets que l'air et le soleil rendent possibles, les « voyages aérosolaires ».

Requérant une équipe symbiotique où s'associent différentes disciplines humaines avec d'autres espèces vivantes et artificielles, le jeu est radicalement coopératif. Il est aussi *commun* ; il ne dépend que du bien commun de l'air que l'on partage tous et de la machine gratuite dont le code est ouvert en ligne. En vol, le joueur voit la Dymaxion Map cette fois reliée par le vent. Le jeu est enfin *continu*, son but étant de pouvoir continuer à voyager dans un monde fini grâce à ce ballon « gonflé uniquement par l'air, soulevé uniquement par le soleil, porté uniquement par le vent, vers un avenir propre et durable[1] ». En intégrant leur jeu dans les limites du monde, en suivant ses mouvements pour ne plus jouer à contre-courant, l'équipe a conçu un *jeu vivant*. Elle l'appelle « Aérocène ».

1. Eva Horn et Hans Ulrich Obrist, *Tomás Saraceno: Aerocene*, Skira, 2018.

Pour ne plus « prendre l'air » ni le polluer, mais pour « apprendre à flotter ensemble » au rythme du monde vivant, l'Aérocène dessine une alternative joyeuse aux jeux de l'Anthropocène. Au lieu de se laisser porter par le cours du *jeu total* perdu d'avance, l'équipe crée un *jeu vivant* qui embrasse les courants naturels et sollicite l'intelligence hypercollective en mode libre. Au lieu de capituler avant la fin et d'arrêter de jouer, ils décident de *changer de jeu* ; ils déjouent la fin.

Changer de jeu. Du *Monopoly* à *Everything*, des *war games* au *World Game*, de l'Anthropocène à l'Aérocène, du jeu total aux jeux vivants. Voir les fins qui approchent pour déclencher une *métamorphose* radicale : du plateau à la terre, de l'individu au collectif, de la propriété privée aux communs, de la compétition frontale à la coopération symbiotique. Ne pas seulement changer les règles, *changer de but* : faire que le jeu continue pour tous au lieu de (le) finir seul. Sans changer les cartes, changer de mécaniques de jeu en changeant de métaphore, du solitaire à *Éleusis*. La grande métamorphose du jeu total en jeux vivants a commencé ; certaines parties du corps sont gagnées, mais pour que le grand jazz s'anime et flotte partout, il leur faudra jouer toutes ensemble et en chœur.

Enfant comme adulte, personne comme espèce, l'homme joue et les autres aussi. C'est notre grandeur de vivant. Mais nous avons perdu de vue la part de jeu de nos vies. Nous avons oublié que l'on jouait tous les jours et que *la vie est un jeu que l'on perd*. Elizabeth Magie invitait déjà ses contemporains à bien choisir leur jeu de société en conscience. Après l'avoir monopolisé et condamné, c'est à notre tour de le partager avec tous et de choisir notre avenir. Partout dans le monde vivant, des indices sont distribués pour gagner ensemble ; choisissons d'y poser tous les yeux pour les voir enfin et révéler le labyrinthe sans mur du jeu vivant.

Alors, coéquipier, proche de la fin mais si près du but, *à quoi joue-t-on à présent* ?

# Remerciements

Je voudrais d'abord remercier ma femme, Constance, capitaine de notre invincible équipe interespèce, avec notre petit ange Achille et notre lionne dorée Nala. Merci de m'avoir soutenu et emmené toujours plus loin pendant ces mois d'écriture et de débats passionnés.

Merci à ma mère qui m'a donné le goût de l'art et l'amour des histoires, merci à mon père de m'avoir inspiré le courage d'entreprendre et le plaisir de donner. Merci à vous deux de nous avoir offert, à mes sœurs et à moi, un aussi beau modèle de jeu.

Merci à mon maître, Daniel Cohen, professeur lumineux qui m'a ouvert les yeux sur les frontières imaginaires de la connaissance et m'a permis de tracer derrière lui, à mon échelle, des ponts entre les mondes de l'économie, de la philosophie et de l'art. Merci de nous avoir donné envie d'explorer partout et de partager toujours, vous nous manquez terriblement.

Merci à mes camarades de jeu du *World Game* à qui je dois tant d'inspirations, de rires et de créations, en particulier à mes premiers partenaires Jules, Hugo et Alexis, et à mes premiers mentors, Stanislas, Étienne et Sébastien. Notre mission ludique a éclairé mes nuits d'écriture solitaire, j'espère que ces pages seront à la hauteur de notre aventure commune.

Merci enfin à Muriel Beyer pour sa confiance dans ce premier ouvrage et à Laurent Nunez pour ses conseils si bienveillants qui, je crois, m'ont permis de grandir avec le texte. Merci de m'avoir accueilli si chaleureusement dans votre grande équipe à laquelle je contribuerai de mon mieux.

# Table

*Composition et mise en pages*
*Nord Compo à Villeneuve-d'Ascq*

Achevé d'imprimer en février 2024
sur les presses de Normandie Roto Impression s.a.s.
61250 Lonrai
N° d'impression : 2400405

*Imprimé en France*

PEFC
10-31-2541
Promouvoir la gestion durable de la forêt
www.pefc-france.org